75th Anniversary 庆祝中华人民共和国成立七十五周年书系

新中国史研究文丛

探索与前行

新中国成立初期国家治理的理论与实践

季春芳　著

当代中国出版社
Contemporary China Publishing House

图书在版编目（CIP）数据

探索与前行：新中国成立初期国家治理的理论与实践 / 季春芳著 . -- 北京：当代中国出版社，2025. 3.
（新中国史研究文丛）. -- ISBN 978-7-5154-1479-9

Ⅰ. D630.1-53

中国国家版本馆 CIP 数据核字第 2024R75X07 号

出 版 人　蔡继辉
责任编辑　焦晓萍
责任校对　贾云华　康　莹
印刷监制　刘艳平
封面设计　宋　涛　鲁　娟
出版发行　当代中国出版社
地　　址　北京市地安门西大街旌勇里 8 号
网　　址　http://www.ddzg.net
邮政编码　100009
编 辑 部　（010）66572264
市 场 部　（010）66572281　66572157
印　　刷　北京润田金辉印刷有限公司
开　　本　710 毫米 × 1000 毫米　1/16
印　　张　11.5 印张　1 插页　135 千字
版　　次　2025 年 3 月第 1 版
印　　次　2025 年 3 月第 1 次印刷
定　　价　78.00 元

新中国史研究文丛

—总序—

在新中国成立75周年之际，当代中国研究所组织编辑出版的《新中国史研究文丛》第一批成果终于与读者见面了。

当代中国研究所是中共中央批准成立的专门从事中华人民共和国史研究、编撰与宣传工作的科研机构，自1990年成立以来，编写出版了《中华人民共和国史稿》《中华人民共和国简史》《新中国70年》《中华人民共和国史编年》《中国式现代化简史》等国史基本著作。为迎接新中国成立75周年，当代中国研究所组织编写《中华人民共和国史》《新中国史事编年》等学术著作，不断推动新中国史研究事业繁荣发展。《新中国史研究文丛》，既是当代中国研究所肩负“修史、资政、育人、护国”职责使命，为庆祝新中国成立75周年献上的一份厚礼，也是对当代中国研究所成立30余年来科研成果的又一次检阅。

习近平总书记在致国史学会成立30周年贺信中强调，要坚持正确政治方向，坚持历史唯物主义，以马克思主义中国化时代化最新成果为指导，进一步团结全国广大国史研究工作者，牢牢把握国史的主题主线、主流本质，不断提高研究水平，创新宣传方式，加强教育引导，激励人们坚定历史自信、增强历史主动，更好凝聚团结奋斗的精神力量，为全面建设社会主义现代化国家、全面推进中华民族伟大复兴作出新贡献。这不仅为当代中国研究所、国史学会的发展指明了方向，也为我们在新时代新征程上全面推动新中国史研究事业高质量发展提供了根本遵循。

赓续历史文脉，谱写当代华章。习近平总书记指出："重视历史、研究历史、借鉴历史是中华民族5000多年文明史的一个优良传统。当代中国是历史中国的延续和发展。"深入研究新中国史，一方面是继承发扬中国源远流长的史学传统，另一方面可以从中深刻体悟中华文明具有突出的连续性、创新性、统一性、包容性和和平性。在新的起点上深化和拓展中国式现代化，更好担负起新的文化使命，就需要立足中华民族伟大历史实践和当代实践，用中国道理总结好中国经验。这是编辑出版《新中国史研究文丛》的重要使命。

激励人们坚定历史自信，增强历史主动。历史是最好的教科书，也是最好的营养剂。新中国史是中华民族发展史上的时代画卷，是世界社会主义发展史、人类文明发展史上的辉煌篇章。只有坚持以习近平新时代中国特色社会主义思想为指导，不断深化新中国史研究，拿出高质量的研究成果，并加强研究成果的宣传、推广，才能真正把历史智慧和历史经验进一步转化为全国各族人民团结奋斗的精神力量，充分发挥新中国史资政、育人、护国的作用。这是编辑出版《新中国史研究文丛》的重要目的。

推动新中国史“三大体系”建设，建构中国自主知识体系。加快构建中国特色哲学社会科学学科体系、学术体系、话语体系是习近平总书记在哲学社会科学工作座谈会上提出的新时代战略任务。新中国史伴随着新中国的发展而发展，是一个兼具政治性与学术性的新兴学科。经过几十年特别是新时代十余年以来的努力，新中国史“三大体系”建设已经取得了一定的成绩。但毋庸讳言，与其他成熟学科相比，新中国史还有很大进步空间。编辑出版《新中国史研究文丛》，是加快构建新中国史“三大体系”、建构中国自主知识体系的一个重要举措。

展示真实、立体、全面的当代中国，促进文明交流互鉴。习近平总书记强调，要“着力加强国际传播能力建设、促进文明交流互鉴”。新中国史研究在这方面具有独特作用和特殊优势。新中国成立75年来，取得了令世界刮目相看的伟大成就。如何记录好、总结好新中国的辉煌成就和宝贵经验，是时代赋予的重大课题。新中国史研究工作者有责任积极参与国际性的对话和交流，在世界舞台上讲好当代中国故事，传播好当代中国声音，展示一个真实、立体、全面的当代中国，不断增强中华文明传播力和影响力。编辑出版《新中国史研究文丛》，希望有助于发挥新中国史研究在讲好中国故事中的独特作用。

培育新中国史研究力量，壮大人才队伍。“千秋基业，人才为本。”近几十年来，新中国史研究逐步形成了一支政治素养高、专业能力强、学科门类齐的人才队伍。推进科教融合，建立了中共党史系、中华人民共和国国史系，编撰出版教材，注意培养新中国史研究新生力量。但同时也要看到，新中国史研究还面临着成果发表平台不足、方法有待完善等现实问题，很大程度制约了人才的成长与发展。编辑出版《新中国史研究文丛》，有助于“出人、出书、走正路”，不断壮大新中国史研究人才队伍。

我们将编辑出版《新中国史研究文丛》作为一个长期项目，为新中国史研究的优秀成果提供优质的出版服务。期望得到学界同仁的关心和支持，大家一起通过此项目，为新中国史研究事业这座巍峨大厦添砖增瓦，并推动它不断繁荣发展。

李正华

2024 年 5 月

序　言

季春芳博士有新书出版，请我作序，欣然命笔。

季博士乃我乡友，曾在安徽师范大学求学7年，专心研究中共党史，后又拜入中国社会科学院当代中国研究所知名专家李正华研究员门下攻读博士学位，并在中国国家博物馆和中国社会科学院联合培养的博士后工作站从事博士后科研工作。虽然刚过不惑，但季博士研习党史、国史已20余年，可以说是该领域风华正茂的青年学者。

本书主要围绕新中国成立初期，毛泽东如何建设新的中国社会的理论和实践展开，问题意识明显、论述非常集中。可以看出，作者近年以毛泽东治国理政为中心问题来深入研究改革开放前30年，尤其是新中国成立初期毛泽东对于中国社会主义制度体系建构问题的探索，对于毛泽东治国理政的思想和实践阐述得比较细致。在该书即将付梓之际，我就阅读书稿谈一点感想。

第一，人文社会科学研究应当关注现实，尤其要关注与研究者生活的时空密切相关的实践问题。作为一个专业术语，从汉字词源学上来看，治国理政并非新词。中国传统儒家一直强调“修齐治平”，修身、齐家属于“内圣”，治国、平天下属于“外王”——就是治理国家。治国理政就汉字字义而言，简称就是“治理”，所以，治国理政就是治理国家。据有关学者考证，先秦时期的《荀子》《老子》《韩非子》就明确提到“治理”一词，《老子》中就有“万物自相治理”的语句，《韩非子》有“其法通乎人情，关乎治理也”的论断，唐朝《周礼注疏》中就出现“国家治理”一词，宋朝李昉的《太平御览》中有“教顺成俗，外内和顺，国家治理，此之谓盛德”，明朝还将“治理”列入考试科目。党的十八大以来，党中央将习近平总书记有关治党治国治军的理论用“治国理政”这个中国传统的政治术语来概括、命名，是将马克思主义基本原理同中华优秀传统文化相结合的充分体现。新时代习近平总书记治国理政的理论和实践就是当前中国最大的现实理论和实践问题，人文社会科学工作者一定要关注这个现实问题，使我们的学术研究更好地服务于社会和个人。

作者自觉地关注党的十八大以来治国理政问题，以这个理论问题为切入点深入研究新中国成立初期毛泽东治国理政的思想和实践，这种研究范式实际上就是对于现实问题深切关注的体现，展示出其高度的政治敏锐性。通过研究毛泽东治国理政的理论和实践，使得我们从整个新中国社会主义发展史的角度为新时代治国理政提供历史镜鉴。从事党史、国史研究，必须要有敏锐的政治眼光来关注现实问题，只有坚持这样的研究取向，我们的研究成果才能体现出鲜明的时代性和鲜活的实践性。

第二，研究当代中国社会发展，要有宏观通透的视野和眼光，将历史、现实和未来贯通起来，年轻学者在关注现实的同时，一定要以了解历史为基础，形成科学的认识。本书所收入论文主要研究新中国成立初期中国社会主义制度建设方面的思考和探索，展示出以毛泽东同志为核心的党的第一代中央领导集体在治国理政方面的具体实践。

毛泽东治国理政的最大政治遗产就是确定了中国政治发展的基本理念和制度，奠定了中国社会主义建设各方面的制度基础，为中国式现代化发展开创了新局面，为中华民族伟大复兴创造了根本社会条件，奠定了根本政治前提和制度基础。具体体现在：其一，毛泽东确定了当代中国基本政治制度设计的政治文化取向。今天中国实行的人民代表大会制度根本政治制度与中国共产党领导的多党合作和政治协商制度、民族区域自治制度、基层群众自治制度的基本政治制度，其基本政治理念和制度体系是毛泽东所确定下来的，是在改革开放的实践中被继承和发扬光大了的政治遗产。毛泽东设计这些问题的思想文化基础是马克思主义与中国文化以及人类优秀的政治文明，是中西文明在近代以来的中国融汇综合提升的结果，是西学东渐基础上的政治理论创新和实践创新。其二，毛泽东“为人民服务”的政治价值观的当代意义。毛泽东“为人民服务”的政治价值观就是强调普通劳动者的尊严，强调人民之间平等，关注工农大众的切身利益，逐步实现教育平民化、医疗大众化，并大兴农田水利。其三，毛泽东以工农阶级作为国家政治力量依靠基础的意义。毛泽东在处理旧中国积重难返的问题中，团结工农阶级，推翻三座大山，获得了革命的成功。新中国成立后，毛泽东为提高工农大众阶层的社会地位，采取了各种各样的措施，从经济、文化、政治思想等各方面来提升广大工农阶级的社会地位，使他们真正感受到新社会对于劳苦大众的人生解放，使他们真心地拥护中国的社会主义制度。

毛泽东关注工农大众的价值取向对于中国今天和未来的社会主义现代化建设中如何更好地推动、实现更高水准的社会平等，满足人民群众不断增长的各种生活需要，防止贫富分化、防止分裂势力、防止精神空虚、增强民族自信、消除仇官仇富心理、减轻阶层固化、防止既得利益阶层的出现都有非常积极的意义，对于中国改革过程中若干制度性困境的解决，无疑具有重要意义。

第三，研究中共党史党建、中华人民共和国史是构建中国特色人文社会科学自主知识体系的重要基础，是不断完善中国智慧、中国方案、中国经验的知识基础，为中国式现代化理论和实践发展提供了重要的智力资源。

习近平总书记强调要建构中国自主知识体系，这是中国在现代化发展由跟跑走向领跑的历程中必须经历的过程，这是一个具有战略眼光的部署。中共党史党建和中华人民共和国史是要长期依靠我们自己而建构形成的学科体系、知识体系，这些体系的构建需要我们适当地整理加工，不断地研究新问题、解决新问题，只有这样，我们的党史、国史研究才能既有自己的独立性，又能够保证其科学性、时代性、前沿性。本书从治国理政的角度整理和发现这方面的新知识，以此来丰富国史研究的知识体系。这充分说明作者对于国史研究不仅具备了扎实的基础，而且情怀深厚，希望她能够坚持不懈，不断开拓进取，取得丰硕的成果。

任何人的精力都是有限的，研究问题宛如走路，一定要在有限的时间和精力允许的范围内去确定研究方向，选定具体问题，一步一个脚印朝着既定的目标前进。

优秀的论文一定要学识、论点、行文三者浑然一体。笔者认为一篇好的文章需要三要素：文论、文据、文采。文论者，观点也；文据者，知识也；文采者，语言也。此三者占有一点，即为不错。三者俱全，上乘之作无疑。季博士的这本书我认为这三者结合得不错，观点明确、材料丰富、表达清晰。当然，该书有无进一步提升的空间？我觉得还是有的，比如，学术视野还可以更加开阔一些，运用的史料还可以更加多元、丰富一些，在政治性论点和学术性阐述的结合上更偏向学理性方面。

本书关于毛泽东治国理政问题的阐述理论性较强，史料丰富，看得出来作者为了研究该问题对于毛泽东的有关史料和新中国历史相关文献做了认真地阅读，保证了内容的丰富性。

总之，这是一本青年国史学者以毛泽东治国理政为主要视角研究新中国史的很好的尝试，很有学术意义。衷心祝贺该书的出版！借此机会，也预祝季博士不断开拓国史研究领域，不断探索新学术、攀登新高峰！

程美东〔1〕

2024年5月24日

于北京回龙观

〔1〕 程美东，北京大学马克思主义学院教授、博士生导师，北京大学中共党史研究中心主任。

目　录

新中国成立初期毛泽东探索国家治理现代化的路径探析*

中华人民共和国的成立结束了自鸦片战争以来中华民族的百余年动荡。在新旧交替的特殊时期，新中国将向何处去？中国共产党能给人民带来什么？在新中国成立初期，毛泽东在探索契合新中国国情的国家治理现代化道路上付出了巨大努力，促进了新中国的安定团结与恢复发展，亦为新时代推进国家治理体系和治理能力现代化建设提供了启示。

一、边稳定边发展：稳定新中国政权，发展新中国事业

中华人民共和国的成立，标志着中国发生了改天换地的变化。然而，这个新生政权能否经受得住各种挑战的考验、实现平稳过渡被并发展壮大，是当时不少国家及人士质疑并观望的问题。从革命战争中

---

* 本文系国家社会科学基金青年项目“毛泽东构建新民主主义革命话语的历史经验和现实启示研究”（18CKS010）的阶段性成果，曾发表于《党的文献》2019年第3期，第二作者为中国社会科学院当代中国研究所研究员李正华。

一路走来的毛泽东，一边稳定新中国政权，为发展创造安全环境；一边发展新中国事业，为稳定提供可靠保障，实现了稳定与发展的双丰收。

（一）稳定新中国政权，为发展创造安定环境

近代以来，历经多年战乱的中华民族，无比渴求一个平稳安定的环境来休养生息、恢复发展。为谋求国家的长治久安，毛泽东采取了一系列重要措施。

为巩固新生政权，在毛泽东领导下，人民解放军肃清了国民党在大陆的残余军队，并和平解放西藏。在新中国宣布成立之时，国民党大量残余军队还占据着湘南、两广等地区，云、贵、川、藏亦尚待解放。1949 年下半年，在毛泽东“宜将剩勇追穷寇”斗争意志的鼓舞下，人民解放军采取远距离迂回包围的战略，追歼了退守在湘南等地区的白崇禧集团。同时，人民解放军挺进贵州，解放重庆和成都。云南、西康两省通电起义，和平解放。1950 年春，随着解放全国大陆的战斗的基本结束，中央军委部署了解放海南岛和东南沿海诸岛的战役。此外，毛泽东还洞察到印度、英国、美国在西藏问题上的不同心态，以其高超的政治智慧指导了与西藏地方政府的和平谈判。1951 年 5 月 23 日，《中央人民政府和西藏地方政府关于和平解放西藏办法的协议》签订。截至 1951 年底，除台湾及少数几个岛屿外，全国各地均获解放。

为巩固新生政权，毛泽东领导全国人民开展了抗美援朝、镇压反革命和“三反”“五反”运动。1950 年 6 月，朝鲜半岛爆发大规模战争。美国立即进行了武装干涉，同时侵入台湾海峡，阻挠中国统一。针对美国的嚣张气焰，基于国家安全的战略立场，10 月 8 日，毛泽东作出组成中国人民志愿军的重要指示。19 日，中国人民志愿军跨过鸭绿江，奔赴朝鲜前线，开始了伟大的抗美援朝战争。抗美援朝是“新

中国成立后中国人民同世界上最强大的敌人进行军事较量并取得胜利的一次保家卫国战争”[1]，大大提高了新中国的国际地位。镇压反革命是巩固新生政权的又一重大举措。1950 年 3 月 18 日，中共中央发布了《关于镇压反革命活动的指示》。随后的一系列行动，清除了盘根错节、长期危害人民生命财产安全的匪患，稳定了全国的社会秩序。此外，由于中国共产党政治地位和时代环境的变化，有的党员干部滋长了腐败风气，严重影响了党的执政形象。1951 年底至 1952 年 10 月，全国开展了“三反”“五反”运动。这是当时中国共产党应对执政考验的必要之举。正如毛泽东所说：“毫无疑义应当进行‘三反’和‘五反’，不进行这一正义的斗争我们就会失败。”[2]

（二）发展新中国事业，以发展维护稳定

新中国成立后，百废待兴。发展是历史和时代给新中国提出的重大任务。只有实现各方面事业的发展，解决人民群众的生活问题，才能从根本上解决影响政治安全和社会稳定的问题。迫于当时物资短缺的普遍现象，工农业生产显得尤为重要。

四亿多人的吃饭问题，考验着中国共产党的执政本领。长期以来，封建土地所有制严重束缚了农业生产力的发展，造成了农业生产技术的落后和农民生活的困苦。新中国成立时，除老解放区外，全国尚有约三分之二的农民受制于封建土地所有制。为适应形势发展，解决广大人民迫切的吃饭问题，1950 年 6 月 28 日，中央人民政府通过《中华人民共和国土地改革法》。30 日，毛泽东签发《关于实施土地改革

---

〔1〕 当代中国研究所：《中华人民共和国史稿》第 1 卷，人民出版社、当代中国出版社 2012 年版，第 85 页。

〔2〕 中共中央文献研究室编，逄先知、金冲及主编：《毛泽东传》（三），中央文献出版社 2011 年版，第 1197 页。

法的命令》。按照“依靠贫农、雇农，团结中农，中立富农，有步骤有分别地消灭封建剥削制度，发展农业生产”[1]的政策，新中国开展了波澜壮阔的土地改革运动。“从 1950 年冬到 1952 年底，人民政府从地主手里没收了约七亿亩土地，无偿分配给三亿多元地、少地的农民。”[2]获得土地的农民欢欣鼓舞，生产积极性大大提高，农作物产量大幅增加。[3]

农作物产量的快速增长有效解决了人民群众的吃饭问题，显著改善了人民群众的生活水平。此后，为应对“人口众多、已耕的土地不足（全国平均每人只有三亩田地，南方各省很多地方每人只有一亩田或只有几分田），时有灾荒（每年都有大批的农田，受到各种不同程度的水、旱、风、霜、雹、虫的灾害）和经营方法落后”[4]的情况，毛泽东领导广大人民群众开展了农业合作化运动，进一步解放了农村生产力，为社会主义工业化奠定了重要基础，推动了国民经济的整体发展。

社会主义工业化能否实现，考验着中国共产党的治国能力。新中国成立之初，由于过去工业基础薄弱，加之战争破坏，工业发展举步维艰。据统计，在生产方面，1949 年较抗战前最高产量相比，生铁只占 23.9%，钢占 17%，煤炭下降了 42.4%，发电量下降了 28.3%，水泥下降了 71.2%。交通运输方面，当时仅铁路就有 2 万公里路段、3000

---

〔1〕 中国经济论文选编辑委员会编：《一九五〇年中国经济论文选》第二辑上册，生活·读书·新知三联书店 1951 年版，第 81 页。

〔2〕 谢春涛、柳建辉、汤应武：《中国政治通史》第 12 卷，泰山出版社 2003 年版，第 18 页。

〔3〕 参见国家统计局编：《中国统计年鉴 1983》，中国统计出版社 1983 年版，第 171—172 页。

〔4〕《毛泽东文集》第 6 卷，人民出版社 1999 年版，第 429 页。

多座桥梁及200多个隧道因遭受战争破坏无法继续使用。[1]要想从根本上不断满足人民群众的生活需要，奠定社会主义工业化的物质基础，抗击帝国主义国家对新中国的打压，防止反革命分子对新中国的颠覆，就必须大力发展工业。在毛泽东领导下，新中国有计划有重点地开展了工业建设。1949年11月17日，全国煤炭会议确定了以恢复为主、新建改建以东北为煤炭主产地的生产方针。12月16日，全国钢铁会议部署了1950年钢铁生产的计划工作。在一系列安排指示下，新中国顺利接管了东北、华北、华东和华中等地的厂矿，并迅速投入生产。由于废除了不合理的管理制度，改善了工人的政治地位，鞍山、本溪、沈阳等多处厂矿创造了新的生产纪录，钢铁、煤炭、机械制造等产业取得了重大成就。根据过渡时期总路线要求，毛泽东作出了“三年准备、十年计划经济建设”[2]的战略安排。从1953年开始，新中国实施了国民经济第一个五年计划。“一五”计划以苏联援助中国的156项工程为核心，涉及能源、军工、化工等多个方面。在苏联的援助和自身的努力下，我国逐渐形成了初步的工业体系，为建设独立、富强、民主的新中国奠定了重要基础。

二、边学习边创新：既学习苏联，又反思苏联模式弊端

新中国在探索国家治理时，面临着选择方向、开创道路等重大问题。作为新中国主要领导人，毛泽东担负着时代和人民赋予的艰巨任务，在边学习边创新的过程中披荆斩棘，使新中国的国家治理道路逐渐明朗。

---

〔1〕 参见张奕曾、王玉玲主编：《新中国经济建设史（1949—1995）》，黑龙江人民出版社1996年版，第6、7页。

〔2〕《毛泽东文集》第6卷，人民出版社1999年版，第143页。

（一）创新始于学习

基于多重复杂原因，新中国在开展社会主义建设时选择了学习苏联模式。在旧中国积贫积弱基础上建立起来的新中国，存在着先进政治制度与落后经济基础之间的矛盾。如何妥善解决这一矛盾，直接影响着社会主义道路的合理性。十月革命后，苏联（苏俄）以高度集中的指令性计划迅速汇集全国人、财、物力建设社会主义的成功实践，给新中国诸多鼓舞和启发。正如毛泽东在谋划新中国建设道路时所指出的，“我们现在也面临着和苏联建国初期大体相同的任务。要把一个落后的农业的中国改变成为一个先进的工业化的中国”[1]。因此，“苏联共产党就是我们的最好的先生，我们必须向他们学习”[2]。毛泽东的上述观点表明了新中国学习苏联模式建设社会主义的立场。建设经验的缺乏，也是中国选择苏联模式的重要原因。新中国建立在一穷二白的物质基础上，国家治理经验也相对不足。立足新中国客观情况，总结国际社会主义建设经验，无疑是初次探索社会主义改造和建设的良好选择。在完成国民经济恢复重任之后，新中国开始实施“一五”计划。1953 年 2 月 7 日，毛泽东根据发展中的问题指出，“我们要进行伟大的五年计划建设，工作很艰苦，经验又不够，因此要学习苏联的先进经验”[3]。针对当时对中国学习苏联模式存在疑义的人，他指出，“对于那些在这个问题上因不了解而产生抵触情绪的人，应该说服他们。就是说，应该在全国掀起一个学习苏联的高潮，来建设我们的国家”[4]。此外，以美国为首的资本主义阵营对新中国的政治打压、经济封锁、

〔1〕《毛泽东文集》第 7 卷，人民出版社 1999 年版，第 117 页。
〔2〕《毛泽东选集》第 4 卷，人民出版社 1991 年版，第 1481 页。
〔3〕《毛泽东文集》第 6 卷，人民出版社 1999 年版，第 263 页。
〔4〕《毛泽东文集》第 6 卷，人民出版社 1999 年版，第 264 页。

军事威胁，也是当时新中国选择苏联模式的又一重要原因。

对苏联模式的学习，体现在新中国事业的方方面面。比如，在国体上，新中国是工人阶级领导的，以工农联盟为基础的人民民主专政的社会主义国家。在经济体制上，与苏联经济发展模式类似，新中国完成国民经济恢复后，又积极着手“一化三改”，以生产关系的变革促进生产力的发展，逐步迈向社会主义。同时，以 156 项重点工程为核心的工业基本建设也主要是在苏联的支持下完成的。

（二）在反思苏联模式弊端的基础上“走自己的道路”

经济社会的发展以及国内外形势的变化，促使毛泽东反思苏联模式的弊端，探索中国自己的建设道路。这也是推动他探索国家治理现代化理论与实践创新发展的重要动力。在国际方面，苏联模式的弊端逐渐显露。1956 年 2 月 24 日，在苏共二十大闭幕当夜，赫鲁晓夫抛出一份全面揭露斯大林个人崇拜的秘密报告，在苏联和整个社会主义阵营中引起震荡。其后，波匈事件发生，引起了中国领导人的警惕和深思。基于此，毛泽东指出，“最近苏联方面暴露了他们在建设社会主义过程中的一些缺点和错误，他们走过的弯路，你还想走？过去我们就是鉴于他们的经验教训，少走了一些弯路，现在当然更要引以为戒”[1]，彰显了毛泽东突破历史藩篱，探求新的国家治理模式的强烈意愿。

毛泽东对探索适合中国自己的国家治理方式作出了诸多努力且取得了突出成就。其中，《论十大关系》和《关于正确处理人民内部矛盾的问题》就是典型代表。为准备中共八大会议报告，毛泽东在总结新中国成立以来的经验教训、反思苏联模式弊端的基础上，通过实事求

〔1〕《毛泽东文集》第 7 卷，人民出版社 1999 年版，第 23 页。

是的调查研究，于 1956 年 4 月召开的中共中央政治局扩大会议和最高国务会议上作了《论十大关系》报告。毛泽东反思苏联片面强调发展重工业的教训，提出要适当调整农轻重比例关系，合理发展农业和轻工业；反思了苏联把地方卡得过死的教训，提出要合理处理中央和地方的关系；反思了苏联一党制的教训，提出要正确处理党与非党的关系；反思了苏联大俄罗斯主义的教训，提出要搞好汉族和少数民族的关系；反思了苏联过度发展军事工业的教训，提出要增加经济建设费用。此外，毛泽东也依照中国的客观实际对其他方面的关系提出了具有创造性的建议，在探索国家治理现代化的进程中迈出了理论创新的重要一步。为团结人民巩固社会主义政治制度，发展社会主义经济文化，毛泽东于 1957 年 6 月在《人民日报》发表了《关于正确处理人民内部矛盾的问题》一文。在马克思主义唯物辩证法指导下，毛泽东首次提出社会主义社会矛盾学说，指出要合理解决这些矛盾来推动社会主义社会的进步发展。在灵活运用具体问题具体分析的原则上，毛泽东提出社会主义社会存在着敌我矛盾、人民内部矛盾这两种不同性质的矛盾，且处理这两种矛盾的方式也要有所区别；在合理把握实际情况的基础上，毛泽东提出国家政治生活的主体是正确处理人民内部矛盾，从而不断巩固社会主义内部的统一和团结；此外，他还就中国工业化道路的问题提出要正确处理工人和农民之间的矛盾，巩固工农联盟，为调动一切积极因素建设社会主义强国提供了具有长远意义的指导。

三、边探索边总结：艰难中探索，行进中总结

为不断推进新中国的稳定发展，毛泽东以高度的责任担当，在历史的行进中边探索边总结，深化了对共产党执政规律、社会主义建设规律、人类社会发展规律的认识，推动了社会主义建设事业的发展，

推进了新中国国家治理现代化的整体进程，也为中国特色社会主义理论体系进行了思想积累，为世界科学社会主义理论作出了重大贡献。

（一）艰难中探索

毛泽东对新中国民主政治进行了艰辛探索。作为由新民主主义过渡到社会主义为发展道路的新中国，其政治体制的建构既不能沿袭旧中国的封建皇权制，又不能仿照西方资本主义的三权分立制；既要满足人民意愿，又要考虑实际国情。在马克思主义指导下，毛泽东以苏联经验为借鉴，开始了对新中国民主政治建设的探索。还在新民主主义革命时期，毛泽东就提出了“人民民主专政”这一概念，并对其阶级构成状况进行了详细阐释，体现了毛泽东对新中国政治体制建构深入而细致的思考。新中国成立后，在国体方面，我国实行的人民民主专政，既坚持了无产阶级专政的本质，又体现出人民当家作主的强烈意愿，还显示出对敌对阶级的严明立场。在政权组织形式上，局部执政时期我们党先后有过农会、工农兵代表会、参议会、人民代表会议等权力机关。1949 年 9 月通过的《中国人民政治协商会议共同纲领》首次规定全国人民代表大会为国家最高权力机关。1954 年 9 月通过的《中华人民共和国宪法》更以国家根本大法的形式再次确定了人民行使权力的机关是全国人民代表大会和地方各级人民代表大会。人民代表大会制度是毛泽东探索新中国民主政治的重要成果，是我国国家性质的重要体现。此外，中国共产党领导的多党合作和政治协商制度、民族区域自治制度、基层群众自治制度等都是毛泽东在民主政治领域探索的重要成果，奠定了中国特色社会主义民主政治的坚实基础。

毛泽东对新中国经济发展进行了大力探索。农业是国民经济的基础，“没有农业社会化，就没有全部的巩固的社会主义”[1]。他积极指导农业合作化运动，确保农业的社会主义方向。从1949年10月，新中国开展了轰轰烈烈的农业合作化运动。“五亿多农村人口的大规模的社会主义的革命运动，带有极其伟大的世界意义。”[2]至1956年底，农业合作化运动在全国胜利结束，实现了农村从农民个体所有制到社会主义集体所有制的转变，而这种生产关系的转变也大大解放了生产力，提高了人民群众的生活水平，巩固了新中国政权。对于新中国的工业化道路，毛泽东亦进行了深入思考，“中国民族和人民要彻底解放，必须实现国家工业化”[3]。为适应新中国恢复发展形势的客观需要，过渡时期总路线明确将社会主义工业化作为当时国家经济工作的重心，并配合农业、手工业、资本主义工商业的社会主义改造，形成“一体两翼”之势。同时，毛泽东既参考苏联工业发展模式，又不断创新中国独有发展道路，提出中国工业化道路必须处理好农轻重、沿海和内地、国防与经济、自力更生与争取外援等关系问题，积极改革不合理的管理体制，有计划分步骤地实现社会主义现代化。对于商业问题，毛泽东根据社会发展规律，认为在社会主义时期还不能过早废除商品生产，且不能将其与资本主义生产混为一谈。在实行资本主义工商业社会主义改造之后，毛泽东要求扩大商品生产和商品交换，保障人民群众的物资需求。

毛泽东对新中国思想文化、社会治理等方面也进行了不遗余力的探索。在思想文化方面，毛泽东在确立马克思主义指导地位的同时，提出了“百花齐放、百家争鸣”的方针和“古为今用、洋为中用”的

[1]《毛泽东选集》第4卷，人民出版社1991年版，第1477页。
[2]《毛泽东文集》第6卷，人民出版社1999年版，第418页。
[3]《毛泽东文集》第6卷，人民出版社1999年版，第223页。

原则，推进了新中国文化事业的繁荣。同时，毛泽东还提倡大力兴办教育，在推动创建中小学和高校之外，针对社会主义工业化的需要着重解决了当时普遍存在的文盲问题。1950 年 4 月 30 日，中华人民共和国中央人民政府颁布了《中华人民共和国婚姻法》，对确立新的婚俗婚制、革除中国乡村传统的婚姻陋习、建立以一夫一妻制为基础的现代婚姻制度起到了积极作用。在社会治理方面，毛泽东在指导移风易俗、保障救济、促进就业、卫生防疫等方面做了大量工作。1951 年 2 月 26 日，中央人民政府政务院颁布了《中华人民共和国劳动保险条例》，保障丧失生活来源人员的基本生活。新中国刚成立时，为数不少的旧社会遗留的无业人员，一定程度上影响着经济发展和社会安定。为此，毛泽东要求有针对性地进行技能培训，并创造各种机会促进就业。卫生防疫工作与广大人民群众的身体健康、生产生活直接相关。因此，毛泽东将其上升到国家政治任务的高度。随着国民经济的发展，部分厂矿相继建立了一些卫生行政和医疗机构，配备了一定数量的医药卫生人员，有重点的降温设备和安全装置，对增进和保护工人身体健康、提高出勤率起了一定的积极作用。毛泽东的上述探索，是对当时国家治理中现实问题的有效回应，具有鲜明的时代特点，为国家的稳定发展作出了巨大贡献。

（二）行进中总结

在认知上，毛泽东高度重视总结经验。长期的革命实践，深化了毛泽东对及时总结经验重要性和必要性的认识。在毛泽东看来，善于总结经验是领导者的一项基本素养。延安时期，毛泽东就曾表示，“善于总结经验，就是领导者的任务”[1]，强化了党的领导同志对于总结历

〔1〕《毛泽东文集》第 2 卷，人民出版社 1993 年版，第 369 页。

史经验的重视。在新中国发展建设中，毛泽东更加强调要总结一切有益经验。1956 年 9 月 15 日，在中共八大开幕式上，毛泽东全面回顾了新中国成立以来国家治理中的各项得失。他指出，“在这次大会上，需要把我们工作中的主要经验，包括成功的经验和错误的经验，加以总结，使那些有益的经验得到推广，而从那些错误的经验中取得教训”〔1〕。对于总结经验的方法，毛泽东也作出了具体指示。他认为，总结自己的经验固然重要，但“虚心接受别人的经验也属必需”〔2〕。同时，毛泽东务实地指出，不能“坐着不动”，要通过实践获取可靠有效的经验，避免主观性和随意性，且以实际事件为案例，指出：“不实行五年计划，不着手进行社会主义工业化的工作，我们怎么能够取得工业化的经验呢？”〔3〕此外，毛泽东还指出总结经验需要坚持马克思主义唯物辩证法，“要抓住重点，从实际出发”〔4〕。这对于我们根据现实需要，坚持“两点论”和“重点论”来推广有益经验、减少错误具有重大意义。

在实践上，毛泽东及时总结了正反两面的经验。由于我国缺乏建设经验，毛泽东提出，“要善于向我们的先进者苏联学习”〔5〕，要学他们的好经验，学我们用得着的东西，充分利用后发展效应，帮助新中国建设发展。虽然苏联模式也曾带来一些弊端，但在新中国成立初期的艰难岁月里，苏联经验对我们的政治、经济、文化等多个方面的建设还是起到了重大的积极作用。当然，毛泽东也不囿于仅仅向苏联等社会主义国家学习，还积极学习西方资本主义国家的有益经验，这也是

---

〔1〕《毛泽东文集》第 7 卷，人民出版社 1999 年版，第 115 页。
〔2〕《毛泽东选集》第 1 卷，人民出版社 1991 年版，第 213 页。
〔3〕《毛泽东文集》第 6 卷，人民出版社 1999 年版，第 430 页。
〔4〕《毛泽东文集》第 7 卷，人民出版社 1999 年版，第 86 页。
〔5〕《毛泽东文集》第 7 卷，人民出版社 1999 年版，第 117 页。

他的高明之处。在《关于正确处理人民内部矛盾的问题》中，毛泽东提出“一切国家的好经验我们都要学，不管是社会主义国家的，还是资本主义国家的”[1]，显示了他的宽广胸襟，也给后来的改革开放提供了重要启迪。在具体的建设实践中，毛泽东还积极推广在各项工作中总结的有益经验。如在“三反”“五反”运动中，毛泽东就曾以杭州为例，鼓励各省委书记、市委书记亲自做基层工作，为改造社会多作贡献。[2]同时，毛泽东也理性分析了反面历史教训，从马克思主义唯物辩证法的视角指出了失败教训对党所起的镜鉴作用。在马克思主义认识论指导下，他认为客观事物是错综复杂且发展变化的，当人的思维跟不上客观实际的时候，错误就在所难免，但“失败的教训同样值得研究，它可以使人少走弯路”[3]。苏共二十大之后，在慎重反思苏联模式的利弊后，毛泽东指出，“对苏联的东西还是要学习，但要有选择地学，学先进的东西，不是学落后的东西”[4]；“我们学习苏联，要包括研究它的错误”[5]。认识是否定之否定的迂回曲折的上升过程，毛泽东从错误中吸取教训的理念，体现了其作为一代伟人的大格局与大智慧。

毛泽东探索国家治理现代化的路径是历史发展的必然选择，同时也烙上了深刻的时代印记。新中国成立初期，以毛泽东同志为核心的党的第一代中央领导集体在劈山开路的过程中，边稳定边发展，边学习边创新，边探索边总结，为国家的建设发展起到了重大作用，也为新时代推进国家治理体系和治理能力现代化提供了实践基础和经验启示。

---

〔1〕《毛泽东文集》第 7 卷，人民出版社 1999 年版，第 242 页。
〔2〕参见《毛泽东文集》第 6 卷，人民出版社 1999 年版，第 203 页。
〔3〕《毛泽东文集》第 7 卷，人民出版社 1999 年版，第 64 页。
〔4〕《毛泽东文集》第 7 卷，人民出版社 1999 年版，第 192 页。
〔5〕《毛泽东著作专题摘编》(上)，中央文献出版社 2003 年版，第 947 页。

中华人民共和国成立初期毛泽东国家治理的实施路径探析*

在浩浩荡荡、风云变幻的历史长河中，中华民族在不同的社会形态中历经繁荣兴盛和沧桑巨变。1949 年 10 月 1 日，一个与以往截然不同的新中国的诞生，在开启了一个崭新时代的同时，也开创了一种新的国家治理范式。在开山辟路的中华人民共和国成立初期，以毛泽东同志为核心的党的第一代中央领导集体对如何实施国家治理进行了艰辛探索，走出了一条符合新中国国情的社会主义国家治理道路，为新中国的稳定和发展起到了重大作用，也为其后中国共产党的国家治理提供了宝贵经验，并为新时代推进国家治理体系和治理能力现代化提供了重要参考。

一、民主与集中辩证统一

中华人民共和国的成立开辟了中国历史的新纪元，中国人民从此

---

* 本文系安徽省哲学社会科学规划重点项目（AHSKZ 2020D21）的阶段性成果，曾发表于《湖南科技大学学报（社会科学版）》2002 年第 25 期。

站起来了。作为新中国的主要缔造者，毛泽东将“民主集中制”创造性地应用到了新中国的国家治理当中，丰富和发展了马克思主义国家治理理论。

（一）“要使全党、全民团结起来，就必须发扬民主”〔1〕

发扬民主是新中国国家治理的必然要求，也是调动党内、党外广大群众积极性的有效方式，“做到了这些，我们的工作就会越做越好，我们遇到的困难就会较快地得到克服，我们事业的发展就会顺利得多”〔2〕。

1. 确保民主的人民主体地位

坚持历史唯物主义的毛泽东，始终坚信人民群众是历史的创造者。在“为人民服务”执政理念的指导下，新中国破除了封建专制桎梏，让人民群众真正成了国家的主人。在新中国成立之初的1949年10月24日，毛泽东就指出：“应当说，一切都是为了人民的利益。打仗，是为人民求解放；和平解放，团结改造，也是为了人民的利益。”〔3〕这一论断充分肯定了人民群众在国家中的地位，也显示出了新中国国家治理的价值指向。为从根本上发扬人民民主，保障人民地位，新中国实行了人民民主专政的国体。毛泽东强调：“我们的人民民主专政的国家制度是保障人民革命的胜利成果和反对内外敌人的复辟阴谋的有力的武器，我们必须牢牢地掌握这个武器。”〔4〕人民民主专政对人民实行民主，对人民的敌人实行专政。只有充分发扬人民民主，才能对敌人实行有效的专政；只有对极少数敌对分子实行专政，才能保障人民内部

---

〔1〕《毛泽东文集》第8卷，人民出版社1999年版，第307页。
〔2〕《毛泽东文集》第8卷，人民出版社1999年版，第311页。
〔3〕《毛泽东文集》第6卷，人民出版社1999年版，第10页。
〔4〕《毛泽东文集》第5卷，人民出版社1996年版，第344页。

的民主。

2. 开拓民主的多种路径

为切实保障民主的广泛性，毛泽东立足新中国客观情况，广开言路，博采众长，以多维视角、多种渠道开拓民主的多元路径。在政党制度上，当一部分人认为民主革命已经结束，民主党派应该解散时，毛泽东坚持中国共产党要与各民主党派“长期共存、互相监督”，并指出：“大家知道，主要监督共产党的是劳动人民和党员群众。但是有了民主党派，对我们更为有益。”〔1〕坚持中国共产党的领导，发挥民主党派参政议政、民主监督的作用，有利于社会主义民主政治的发展，对于巩固统一战线、发挥各党派人士群策群力建设新中国具有重要意义。在中央和地方关系问题上，毛泽东在坚持中央对地方强有力的统一领导外，还要求充分发挥地方积极性，适度扩大地方权力，并提倡中央在处理与地方相关事务时，应同地方商量，充分尊重地方权利。此外，毛泽东还创造性地要求充分扩大企业自主权，将民主精神渗透进经济体制，形成全社会的民主氛围。1956 年 4 月 28 日，毛泽东在中共中央政治局扩大会议的总结讲话中，指出企业“要有点‘独立王国’”，“如果因为反对独立王国就把一切独立自主都反掉了，没有一点自主权了，那事情也很难办”〔2〕。毛泽东在开拓民主路径上所做的努力，为中国的民主发展作出了重要贡献。

3. 把握民主的发展方向

毛泽东在总结中国历史经验、把握中国民主进程的基础上，开创性地发展了社会主义民主，并将其积极运用到新中国的治理实践当中。在马克思主义唯物辩证法的指导下，一方面，我们要客观对待西方民

〔1〕《毛泽东文集》第 7 卷，人民出版社 1999 年版，第 235 页。

〔2〕《毛泽东文集》第 7 卷，人民出版社 1999 年版，第 53 页。

主，肯定其在社会主义诞生以前为人类文明的进步发展所作出的贡献，尤其是在制度构成、表现形式和实现方式上，较之封建专制的确有进步之处，因此有值得新中国借鉴的地方，但必须杜绝其不利一面，严格防止极端民主化，避免过度自由化。另一方面，我们又要始终坚持民主的社会主义性质。还在党的七大的时候，毛泽东就表示："我们实行革命人民的民主，它和资产阶级的民主、旧民主是不同的。"[1]新中国成立后，毛泽东也一再强调我国各项制度的社会主义性质，并将其与国家的建设发展紧密联系，明确指出"只有社会主义能够救中国。社会主义制度促进了我国生产力的突飞猛进的发展"[2]。

（二）"我们要在高度民主的基础上，建立高度的集中"[3]

一切发展民主的措施，都不是为了削弱必需的集中，而是为了实现正确的集中。回顾新中国成立前中国共产党的发展历史，没有集中，我们就不能胜利；没有集中，我们就要被消灭。新中国成立后的国家治理是一项艰难复杂的巨大工程，没有集中不行。

1. 集中人民的智慧和力量

国家治理是一件关乎民族前途命运的大事，需要凝心聚力、群策群力。在中国共产党局部执政时期，毛泽东就曾指出："把群众力量组织起来，这是一种方针。"[4]新中国成立后，毛泽东坚持民主集中制，并将其从党的根本组织原则上升到国家治理的战略高度，要求"必须坚定地信任群众的多数，首先是工农基本群众的多数，这是我们的基

---

〔1〕《毛泽东文集》第 3 卷，人民出版社 1996 年版，第 337 页。
〔2〕《毛泽东文集》第 7 卷，人民出版社 1999 年版，第 214 页。
〔3〕《毛泽东文集》第 3 卷，人民出版社 1996 年版，第 400 页。
〔4〕《毛泽东选集》第 3 卷，人民出版社 1991 年版，第 930 页。

本出发点”[1]。在信任人民群众的同时，毛泽东还高度肯定了内蕴在人民群众中的伟大力量，指出：“人民群众有无限的创造力。他们可以组织起来，向一切可以发挥自己力量的地方和部门进军，向生产的深度和广度进军，替自己创造日益增多的福利事业。”[2]广大人民群众是新中国的立国之本，也是新中国建设发展的力量之源，因此，国家治理必须充分集中广大人民群众的智慧，积极调动广大人民群众的力量。

2. 维护国家的统一和团结

“国家的统一，人民的团结，国内各民族的团结，这是我们的事业必定要胜利的基本保证。”[3]统一和团结，既是国家治理的基本保证，又是国家治理的重要目标。强有力的集中，能够统一意志，集中意志，合理避免不必要的意见分歧，有效增进团结，规避涣散，从而提升党和国家治理的行动力、执行力。1951 年 10 月 23 日，毛泽东在全国政协一届三次会议上高度评价了民主集中制下国家的统一团结对于各项事业顺利发展的促进作用，指出：“在中华人民共和国成立以来的两年中，我们各方面的工作都获得了伟大的胜利。这些胜利，我们是依靠了一切可能团结的力量才获得的。”[4]这一表述充分肯定了中国共产党集中各民族、各阶级、各民主党派等一切可以团结的力量共建美好新中国的客观事实，对于当时继续沿用并丰富发展民主集中制具有重要的促进作用。

3. 提升国家治理的效能

如何在一个历经长期战乱的幅员辽阔、人口众多的落后国家开展

---

〔1〕《建国以来毛泽东文稿》第 11 册，中央文献出版社 2023 年版，第 487 页。

〔2〕《毛泽东文集》第 6 卷，人民出版社 1999 年版，第 457 页。

〔3〕《毛泽东文集》第 7 卷，人民出版社 1999 年版，第 204 页。

〔4〕《毛泽东文集》第 6 卷，人民出版社 1999 年版，第 184—185 页。

国家治理，是一个大难题。长期的革命斗争用事实证明了，没有共产党就没有新中国。新中国成立后，仍然要坚决维护党中央权威和集中统一领导，“没有这样一个核心，社会主义事业就不能胜利”〔1〕。早在延安时期，党的六届六中全会就提出：“个人服从组织，少数服从多数，下级服从上级，全党服从中央，党的一切工作由中央集中领导，是党在组织上民主集中制的基本原则。”〔2〕上述“四个服从”既反映了民主又体现了集中，确保了我们党的集中统一领导更加有力。在新中国的国家治理中，为集中力量办大事，毛泽东将维护党中央权威和集中统一领导的范围逐渐扩展到“工、农、商、学、兵、政、党”等多个领域，逐步实现了党对一切工作的领导。在党强有力的领导下，新中国的建设发展如火如荼，而凯歌行进时期我国取得的各项成就也充分说明，在高度民主基础上的高度集中对于提升国家治理效能具有重大作用。

（三）“不可以没有民主，也不可以没有集中”〔3〕

民主是集中指导下的民主，集中是民主基础上的集中，二者辩证统一，缺一不可。没有民主，集中就成了无源之水、无本之木；没有民主，不可能有正确的集中。

1. 民主是集中指导下的民主

民主是相对的，绝不是无底线无原则的放纵和绝对自由，“这个自由是有领导的自由，这个民主是集中指导下的民主，不是无政府状态。

〔1〕《毛泽东文集》第7卷，人民出版社1999年版，第303页。

〔2〕《建党以来重要文献选编（1921—1949）》第15册，中央文献出版社2011年版，第773页。

〔3〕《毛泽东文集》第7卷，人民出版社1999年版，第209页。

无政府状态不符合人民的利益和愿望”[1]。新中国虽然建立了统一的国家政权，但还面临着肃清国民党残余势力、没收官僚资本、建立国有经济、废除封建土地制度等一系列民主革命遗留任务。此后，抗美援朝、镇压反革命和“三反”“五反”运动等，都需要中国共产党强有力的集中领导。“积力之所举，则无不胜也；众智之所为，则无不成也。”只有集中一切人力物力，才能迅速巩固新生政权，全面恢复国民经济，彻底保障人民民主。片面强调民主而忽视集中很显然是错误的，东欧剧变的残酷事实，也证实了我国严格的民主集中制是符合中国共产党执政规律和社会主义发展规律的。

2. 集中是民主基础上的集中

对于集中的理解，毛泽东曾做过这样的定义：“什么叫集中？首先是要集中正确的意见。在集中正确意见的基础上，做到统一认识，统一政策，统一计划，统一指挥，统一行动，叫做集中统一。”[2]中国共产党的领导机关制定路线、方针、政策，而广大人民群众提出各种意见和建议。没有民主，意见不是从群众中来，就不可能制定出好的路线、方针、政策。广大人民群众没有机会表达自己真实的想法，领导机关凭着片面的或不真实的材料决定国家治理的相关问题，就容易陷入只见树木不见森林的片面主义或凭空臆断的主观主义，必然会给国家发展造成不利影响。因此，要在发扬民主的基础上加强集中，要让群众讲话，要注意听群众讲话。

3. 民主和集中相辅相成

在艰辛探索的新中国成立初期，毛泽东选择了一种适合中国国情的国家治理方式，既发扬了民主的作风，确保了人民当家作主的权利；

---

〔1〕《毛泽东文集》第7卷，人民出版社1999年版，第208页。

〔2〕《毛泽东文集》第8卷，人民出版社1999年版，第294页。

又发挥了集中的作用，集思广益、集中力量办大事。在新中国欣欣向荣、节节向上的发展过程中，哲学思想底蕴深厚的毛泽东将民主和集中辩证地统一起来，对国家治理的具体实践起到了重要的指导作用。向来高度重视民主集中的毛泽东，在1957年初《关于正确处理人民内部矛盾的问题》中再次强调："民主是对集中而言，自由是对纪律而言。这些都是一个统一体的两个矛盾着的侧面，它们是矛盾的，又是统一的，我们不应当片面地强调某一个侧面而否定另一个侧面。"[1]民主和集中相依相存，相互裨益，片面强调哪一个方面都不好。新中国成立初期，中国人口多，底子薄，经济落后，区域发展不平衡。治理这样一个情况复杂的大国，亟须充分发挥民主和集中的合力。

二、依法治国与以德治国双管齐下

毛泽东虽未明确使用过"依法治国"和"以德治国"的具体表述，但其基于国家治理站位的"依法治国""以德治国"思想却内容丰富、意蕴深刻。毛泽东积极推进法治体系建构、强化人民群众法治意识，大力弘扬中华传统美德、努力发展共产主义道德，以实际行动为新中国的依法治国与以德治国作出了重要贡献。

（一）"一定要守法，不要破坏革命的法制"[2]

旧国家机器的打碎和旧社会制度的废除，客观上要求重构一套新的、符合时代发展趋势的国家管理模式，从而确保新国家机器稳定健康运行。漫长的中国封建社会，法治思想虽有萌生和发展，但较之世界历史的法治进程，还是有所滞后。为从根本上保障新中国人民的各项权利，推进国家治理从"人治"到"法治"的转型，毛泽东在马克

---

〔1〕《毛泽东文集》第7卷，人民出版社1999年版，第209页。
〔2〕《毛泽东文集》第7卷，人民出版社1999年版，第197页。

思主义法治观的指导下做出了不懈努力。

1. 建构法治体系，确保有法可依

建构一整套体系完备的法治体系，是落实依法治国的必要条件。“人民为了有效地进行生产、进行学习和有秩序地过生活，要求自己的政府、生产的领导者、文化教育机关的领导者发布各种适当的带强制性的行政命令。”〔1〕新中国成立后，毛泽东积极推动各项法律法规的制定和实施。

马克思主义法治观是毛泽东建构新中国法治体系的指导思想。马克思主义认为，法律是统治阶级意志的体现。新中国是人民当家作主的国家，新中国的法治体系必须能反映人民的意志，并保护人民在国家中的主体地位和各项权利。苏联和西方国家的法制建设是毛泽东建构新中国法治体系的重要参考。学贯中西的毛泽东辩证考量了国外法制建设的利弊，在探索新中国法治建设道路时曾指出：“我们是以自己的经验为主，也参考了苏联和各人民民主国家宪法中好的东西。讲到宪法，资产阶级是先行的。英国也好，法国也好，美国也好，资产阶级都有过革命时期，宪法就是他们在那个时候开始搞起的。我们对资产阶级民主不能一笔抹杀，说他们的宪法在历史上没有地位。”〔2〕此外，博古通今的毛泽东还批判继承了中国传统文化中的法治思想，强调法律制度对于国家安定与社会发展的重大作用。

为实现国家治理的法治化，毛泽东在废除旧法统基础上，积极创建了一系列符合新中国实际情况的法律法规。1950 年中央人民政府通过的《中华人民共和国婚姻法》，保障了女性的权利地位；《中华人民共和国土地改革法》解放了广大贫下中农。1951 年通过的《中华人

〔1〕《毛泽东文集》第 7 卷，人民出版社 1999 年版，第 209 页。
〔2〕《毛泽东文集》第 6 卷，人民出版社 1999 年版，第 326 页。

民共和国惩治反革命条例》打击了威胁国家安全的反革命分子，巩固了新生的人民政权。1952 年通过的《中华人民共和国惩治贪污条例》，为从严治党、确保执政党的清正廉洁作出了重大贡献。尤其是 1954 年通过的《中华人民共和国宪法》，作为国家根本大法确立了社会主义政治、经济、社会制度的基本原则，为国家治理提供了根本遵循和行动指南。在宪法草案的讨论过程中，毛泽东指出："一个团体要有一个章程，一个国家也要有一个章程，宪法就是一个总章程，是根本大法。"〔1〕毛泽东肯定了宪法的重要地位，并结合当时国家的主要任务阐明了宪法在国家治理过程中的重要作用："我们现在要团结全国人民，要团结一切可以团结和应当团结的力量，为建设一个伟大的社会主义国家而奋斗。这个宪法就是为这个目的而写的。"〔2〕此后，党的八大决议指出："我们目前在国家工作中的迫切任务之一，是着手系统地制定比较完备的法律，健全我们国家的法制。"〔3〕新中国法治体系的建构，有效推动了中国共产党依法治国的历史进程。

2. 强化法治意识，确保有法必依

封建社会长期的"人治"思维，对中国人民的影响根深蒂固。为破除陈旧思维，改变人民群众法治观念淡薄的境况，毛泽东一再强调法治对于国家社会的重要性，强化人民群众的法治意识。1957 年 1 月 27 日，毛泽东在省市自治区党委书记会议上的讲话中指出："法律是上层建筑。我们的法律，是劳动人民自己制定的。它是维护革命秩序，保护劳动人民利益，保护社会主义经济基础，保护生产力的。"〔4〕

---

〔1〕《毛泽东文集》第 6 卷，人民出版社 1999 年版，第 328 页。
〔2〕《毛泽东文集》第 6 卷，人民出版社 1999 年版，第 329—330 页。
〔3〕《建国以来重要文献选编》第 9 册，中央文献出版社 1994 年版，第 92 页。
〔4〕《毛泽东文集》第 7 卷，人民出版社 1999 年版，第 197 页。

毛泽东深入浅出地道出了法律的最终目的在于促进经济社会的发展，在于维护劳动人民的根本利益，并要求广大领导干部要向人民群众讲通、讲透法律的好处，让广大人民群众自觉遵守维护新中国的法治体系。在毛泽东的倡导下，全国各地通过群众座谈会、搭台唱戏、广播报纸等群众喜闻乐见的方式，逐渐将法治思想深入人民群众当中。为帮助人民群众合理利用法律武器维护自身权益，全国还逐步建立起多处律师协会和法律顾问处，据统计，“至 1957 年 6 月，全国已建立 19 个律师协会，800 多个法律顾问处，有近 3000 名律师”[1]。

为维护法律权威，发挥法治在国家治理中的重要作用，毛泽东一直要求广大党员干部和人民群众严格遵守新中国的各项法规制度。1951 年底，中共河北省第三次代表会议揭露了时任中共石家庄市委副书记刘青山和中共天津地委书记张子善贪污腐化的罪行。刘、张二人曾在革命年代对党有过重大贡献，但依然被判处死刑。法律是神圣的，也是平等的，党的领导人更应是遵纪守法的践行者，只有如此，才能保证党的清正廉洁，才能不断增强党的执政公信力。1954 年 6 月 14 日，毛泽东又在《关于中华人民共和国宪法草案》的讲话中强调：这个宪法草案“通过以后，全国人民每一个人都要实行，特别是国家机关工作人员要带头实行，首先在座的各位要实行。不实行就是违反宪法”[2]。毛泽东严肃要求大家对法律要心存敬畏，提倡法律面前一律平等，决不允许有凌驾于法律之上的任何个人、任何组织。

（二）品德就是忠实为人民服务，鞠躬尽瘁，死而后已[3]

新生的中华人民共和国在国家治理的各个方面都还处在探索阶段，

---

〔1〕王朝柱：《开国领袖毛泽东》，新世界出版社 2009 年版，第 284 页。

〔2〕《毛泽东文集》第 6 卷，人民出版社 1999 年版，第 328 页。

〔3〕《建国以来毛泽东文稿》第 12 册，中央文献出版社 2023 年版，第 351 页。

毛泽东在逐步落实依法治国的同时，还将“德治”纳入了国家治理的范畴。在那个特殊年代，人们的物质生活虽不算富裕，但由于道德文明的良好发展，社会风气健康向上，人们的内心世界富足愉快，精神风貌蓬勃昂扬〔1〕。

1. 弘扬中华传统美德

道德与政治的结合，既是治国之道，也是中国传统政治文化的一大特色。早在《论语·为政》中，孔子就曾提道：“道之以政，齐之以刑，民免而无耻；道之以德，齐之以礼，有耻且格。”毛泽东在推进依法治国的进程中，批判继承了中国传统“德治”文化，并结合新中国的具体情况，大力弘扬中华传统美德，积极推进以德治国。

身修而后家齐，家齐而后国治，毛泽东高度重视执政党自身的道德修养。为防止新中国成立后部分党员干部骄傲自满情绪影响到国家的安定团结，在党的七届二中全会上，毛泽东曾告诫全党：“务必使同志们继续地保持谦虚、谨慎、不骄、不躁的作风，务必使同志们继续地保持艰苦奋斗的作风。”〔2〕肯定了中华优秀传统文化中谦虚谨慎、艰苦奋斗的良好道德品质。同时，毛泽东也高度重视人民群众的思想道德建设。1949 年 9 月 29 日，毛泽东为《新华月报》创刊号写下了“爱祖国，爱人民，爱劳动，爱护公共财产为全体国民的公德”〔3〕的题词，用正确的社会主义的价值观引导大众的日常行为，规范大众的实践活动，增强人民群众自治的内生动力。

---

〔1〕 许浩：《毛泽东与新中国治理——第十二届全国“毛泽东论坛”综述》，《湖南科技大学学报（社会科学版）》2020 年第 2 期。

〔2〕《毛泽东选集》第 4 卷，人民出版社 1991 年版，第 1438—1439 页。

〔3〕 中央档案馆编：《毛泽东题词墨迹选》，人民美术出版社、档案出版社 1984 年版，第 109 页。

教育培养品德高尚的社会主义接班人是推进以德治国的必要之举。为适应新中国建设发展需要，毛泽东指出，“我们的教育方针，应该使受教育者在德育、智育、体育几方面都得到发展，成为有社会主义觉悟的有文化的劳动者”[1]。这些品德优秀的新生代对于国家的进步发展尤为重要。在后来读苏联《政治经济学教科书》时，毛泽东又谈道：“我们要教育人民，不是为了个人，而是为了集体，为了后代，为了社会前途而努力奋斗。要使人民有这样的觉悟。”[2]集体主义是社会主义道德原则，也是共产主义道德核心，毛泽东高度重视青年一代集体主义观念的教育和养成，积极塑造国家未来力量积极、健康的价值观，这对于形成良好社会风气、维护国家和谐稳定具有重要作用。

2. 发展共产主义道德

共产主义道德是人类历史上最高的道德类型，与一切剥削阶级道德和其他阶级道德有着本质区别。发展共产主义道德，培养共产主义理想信念，对于促进以德治国具有重大意义。因此，毛泽东始终坚持以共产主义道德来教育人民。

要发展共产主义道德，就必须摒弃旧社会不良落后的思想，建设社会主义新道德。在毛泽东看来，“一个崭新的社会制度要从旧制度的基地上建立起来，它就必须清除这个基地。反映旧制度的旧思想的残余，总是长期地留在人们的头脑里，不愿意轻易地退走的”[3]。与封建地主阶级和资产阶级的思想不同，无产阶级执政党提倡全心全意为人民服务，这也是中国共产党的根本宗旨，“共产党就是要奋斗，就是要全心全意为人民服务，不要半心半意或者三分之二的心三分之二的意

[1]《毛泽东文集》第7卷，人民出版社1999年版，第226页。
[2]《毛泽东文集》第8卷，人民出版社1999年版，第134页。
[3]《毛泽东文集》第6卷，人民出版社1999年版，第450页。

为人民服务”[1]。我们党为人民服务的高尚品德赢得了广大人民群众的高度信赖，党的凝聚力、向心力得到显著提升。

要发展共产主义道德，还要从娃娃抓起。毛泽东认为，儿童时期就应该发展共产主义情操、培养英雄主义气概。“我们所主张的全面发展，是要使学生得到比较完全的和比较广博的知识，发展健全的身体，发展共产主义的道德”[2]。在这一思想的指引下，新中国为共产主义道德的持续发展培养了大量后续人才，为党的国家治理持续发展奠定了人才基础。同时，发展共产主义道德，党员干部要身先士卒，以身作则，尤其不能产生负面影响。因此，毛泽东对党员干部的教育也做出了严格要求，“必须毫不迟疑地开除一批丧失无产阶级立场的贪污蜕化分子出党，撤销一批严重的官僚主义分子和那些居功自傲、不求上进、消极疲塌、毫不称职的分子的领导职务”[3]，这对于营造风清气正的政治生态、巩固党的执政基础具有重要作用。

三、原则的坚定性与策略的灵活性刚柔并济

政策和策略是党的生命线。深谙唯物辩证法的毛泽东，在革命战争年代就将原则的坚定性和策略的灵活性运用自如，新中国成立后，毛泽东又将上述思想应用于国家治理当中，成功取得了国家治理的重大成就。

（一）“我们的原则性必须是坚定的”[4]

无数革命先驱抛头颅、洒热血建立起来的新中国，今后将要举什

〔1〕《毛泽东文集》第7卷，人民出版社1999年版，第285页。
〔2〕《毛泽东文集》第7卷，人民出版社1999年版，第399页。
〔3〕《建国以来毛泽东文稿》第6册，中央文献出版社2023年版，第15页。
〔4〕《毛泽东选集》第4卷，人民出版社1991年版，第1436页。

么旗、走什么路？这是毛泽东在国家治理中一直深思的问题。新中国成立初期，面对诸多历史遗留问题和现实客观难题，毛泽东始终坚持社会主义道路、坚持人民民主专政、坚持中国共产党的领导、坚持马克思主义的理论指导，用实践行动践行了原则的坚定性。

国家治理要坚持社会主义道路。自1840年鸦片战争之后，中国人民开始了寻求国家出路的艰辛征途。从洪秀全的太平天国起义到地主阶级的洋务运动，从康梁的维新变法到资产阶级的辛亥革命……历史以残酷的事实告诉人们：只有中国共产党领导人民朝着社会主义方向奋勇前行，才是最正确的选择。新中国成立后，面对时代的转型，面对社会的变化，中国到底要向哪里去？在一部分人对资本主义尚存一丝幻想的时候，毛泽东坚定指出："社会主义是中国的唯一的出路。"〔1〕而自新中国成立后生产力的大幅提升和人民生活面貌的大幅改变，也证实了社会主义道路的正确性。

国家治理要坚持人民民主专政。毛泽东始终认为，人民群众是社会历史的主体，是历史的创造者。新中国建立起了人民民主专政的国家政权，改变了千百年来人民倍受压迫的困苦境地。人民民主专政对人民实行民主，对处于人民对立面的敌人实行专政，确保了人民当家作主这一神圣地位不受侵犯。1949年6月30日，毛泽东指出："总结我们的经验，集中到一点，就是工人阶级（经过共产党）领导的以工农联盟为基础的人民民主专政。"〔2〕新中国成立后，进行土地改革、发展农业生产是为了人民；抗美援朝、保家卫国也是为了人民；开展"一五"计划、建设现代化国家还是为了人民。新中国国家治理的根本目的就在于服务人民群众，这也是中国共产党人的原则坚持。

---

〔1〕《毛泽东文集》第7卷，人民出版社1999年版，第267页。

〔2〕《毛泽东选集》第4卷，人民出版社1991年版，第1480页。

国家治理要坚持马克思主义。“主义譬如一面旗子，旗子立起了，大家才有所指望，才知所趋赴”[1]，马克思主义是立党立国的根本指导思想，必须毫不动摇地坚持到底。1954 年 9 月 15 日，毛泽东在第一届全国人民代表大会第一次会议上强调“指导我们思想的理论基础是马克思列宁主义”[2]，并将其与社会主义事业的伟大胜利紧密地联系到一起。为全面、完整、科学地坚持马克思主义，毛泽东还提倡全国各地加强对马克思主义基本理论的学习，要求“争取百分之八十以上的中间状态的知识分子来学习马克思主义”[3]。为此，全国各地在中央的号召下，通过“健全各级党委宣传部门”、“要求各级党委认真重视教育工作”、“把协助党委掌握和领导干部理论教育的工作放在极其重要的位置上”以及“建立严密的组织和健全的制度”[4]等措施，有系统地开展学习马克思主义基本知识的活动，大大提高了党的理论水平，提高了党的执政能力。

国家治理要坚持中国共产党的领导。指导伟大国家的革命和建设，需要伟大的党。中国共产党的成立是中国历史发展的必然产物，而腥风血雨的革命岁月更铸就了中国共产党人的优秀品质。1957 年 3 月 12 日，毛泽东基于长期革命和七年多国家治理的经验自信地指出：“我们的党是一个伟大的党，光荣的党，正确的党。这是必须肯定的。”[5]中国共产党是中国工人阶级的先锋队，也是中国人民和中华民族的先

〔1〕 中共中央文献研究室、中共湖南省委《毛泽东早期文稿》编辑组编：《毛泽东早期文稿》，湖南人民出版社 2013 年版，第 498 页。

〔2〕《毛泽东文集》第 6 卷，人民出版社 1999 年版，第 350 页。

〔3〕《毛泽东文集》第 7 卷，人民出版社 1999 年版，第 264 页。

〔4〕 安徽省档案馆：《安徽省 1952 年下半年在职干部理论教育计划（草案）》，卷宗号 J005-1-11。

〔5〕《毛泽东文集》第 7 卷，人民出版社 1999 年版，第 274 页。

锋队，除了人民的利益，党没有任何自己的特殊利益。只有坚持党的领导，才能确保政治稳定、经济发展和文化繁荣；只有坚持党的领导，老百姓们才能过上安定的好日子。“中国共产党是全中国人民的领导核心。没有这样一个核心，社会主义事业就不能胜利。”〔1〕任何时候，都不能放松党的领导这一坚定原则。

（二）“原则性要灵活执行”〔2〕

在坚持原则坚定性的基础上，毛泽东还充分把握了策略的灵活性，妥善处理了国家治理中遇到的疑难杂症，为其后党的国家治理积累了实践经验。

在指导思想上，毛泽东坚持马克思主义唯物辩证法，综合考虑了原则与策略之间辩证统一的矛盾关系，为新中国国家治理提供了重要遵循。1945 年 3 月 5 日，毛泽东在党的七届二中全会上指出，要在坚持原则坚定性的基础上，“我们也要有为了实现原则性的一切许可的和必需的灵活性”〔3〕，彰显了毛泽东高超的政治智慧和卓越的领导艺术，为其后的全国执政提供了重要参照。基于事物发展的渐进性和曲折性，毛泽东还理性认识到目标和现实之间存在着的合理差距。1953 年 6 月 30 日，毛泽东就团章草案的具体规定和实际执行情况之间的差距，语重心长地指出：“应当是那样，实际是这样，中间有个距离。”〔4〕要求在青年团的实际工作中要注意策略的灵活性。中国幅员辽阔，人口众多，各种各样的问题纷繁复杂，短时间内快速解决所有难题是不可能的，因此需要在坚定原则的基础上，灵活把握策略，厘清轻重缓急，抓住主要矛盾。此

〔1〕《毛泽东文集》第 7 卷，人民出版社 1999 年版，第 303 页。
〔2〕《毛泽东文集》第 6 卷，人民出版社 1999 年版，第 279 页。
〔3〕《毛泽东选集》第 4 卷，人民出版社 1991 年版，第 1436 页。
〔4〕《毛泽东文集》第 6 卷，人民出版社 1999 年版，第 279 页。

外，毛泽东还以其开阔的胸怀提出要在坚持马克思主义的前提下接受可以接受的意见、放弃可以放弃的意见，既和犯错误的同志在坚定原则基础上讲斗争，又和犯错误的同志在灵活策略下讲团结，并于 1957 年 11 月 18 日再次强调："原则性和灵活性的统一，是马克思列宁主义的原则，这是一种对立面的统一。"[1]上述论断深化了人们对原则坚定性和策略灵活性的认识，有利于提高国家治理的效率，为新时代党的国家治理提供了思想启迪。

在实践行动中，毛泽东坚持马克思主义辩证唯物论，实事求是、具体问题具体分析地处理了新中国在国家治理中遭遇的难题，化消极因素为积极因素，化被动为主动。在国家的性质问题上，一方面，毛泽东坚持社会主义原则，要求通过社会主义工业化和社会主义改造消灭剥削制度，指出"一定要完成社会主义改造，实现国家的社会主义工业化，这是原则性"；另一方面，毛泽东又灵活地实施社会主义改造的步骤和方法，确保社会的稳步过渡，指出"要实行社会主义原则，是不是在全国范围内一天早晨一切都实行社会主义呢？这样形式上很革命，但是缺乏灵活性，就行不通，就会遭到反对，就会失败"[2]。在国家的经济问题上，一方面，毛泽东坚持"合作社经济要服从国家统一经济计划的领导"，体现了集中领导的原则性；另一方面，又允许"在不违背国家的统一计划和政策法令下保持自己一定的灵活性和独立性"[3]，体现了民主自由的灵活性。而在处理受普遍关注的利益分配时，毛泽东则既要求增加积累，重点发展生产，又要求兼顾消费，在合理处理国家利益、集体利益和个人利益的基础上，尽力改善人民生活。

[1]《毛泽东文集》第 7 卷，人民出版社 1999 年版，第 332 页。
[2]《毛泽东文集》第 6 卷，人民出版社 1999 年版，第 326 页。
[3]《毛泽东文集》第 7 卷，人民出版社 1999 年版，第 221 页。

在国家的主权问题上，一方面，毛泽东坚决维护国家的领土完整和主权独立，在就中国恢复联合国合法席位问题上，毛泽东指出："我们进入联合国的条件是：只能一个中国，不仅要进入联合国大会，而且要进入安全理事会和其他各种组织，否则就不干。"[1]坚决有力地反对了美帝国主义国家意图将台湾从祖国分裂出去的罪恶行径；另一方面，毛泽东又灵活指出："台湾只要同美国断绝关系归还祖国，其他一切都好办。现在台湾的连理枝是接在美国的，只要改接到大陆来，可派代表参加人民代表大会和政协全国委员会，台湾一切可照旧。"[2]这也为后来解决港澳台问题和实行"一国两制"提供了思想基础。

在国家治理上，新中国没有任何现成模板可以直接套用。在万事开头难的初创阶段，以毛泽东同志为核心的党的第一代中央领导集体对如何实施国家治理进行了艰辛探索并取得伟大成就。当前，深入学习和研究新中国成立初期毛泽东国家治理的实施路径，对于新时代推进国家治理体系和治理能力现代化具有重要的理论意义和现实意义。

〔1〕《毛泽东著作专题摘编》（上），中央文献出版社 2003 年版，第 1055 页。

〔2〕《毛泽东著作专题摘编》（上），中央文献出版社 2003 年版，第 1064 页。

新中国成立初期毛泽东治国理政的核心经验*

以毛泽东同志为核心的党的第一代中央领导集体在治国理政方面做出了许多艰辛探索，这一开山辟路的历史实践构建了社会主义新中国治国理政的基本框架，积累了中国共产党治国理政的丰富经验，并为其后中国共产党的治国理政提供了不容反驳且稳定持久的质的规定性，甚至在一定程度上影响了中国政治的走向和进程。当前，中国共产党治国理政的历史方位已经有了新的变化，治国理政的方针策略亦呈现出诸多时代特征，但以毛泽东同志为核心的党的第一代中央领导集体在治国理政中积淀下来的基本硬核，仍是当前及以后中国共产党治国理政的根本遵循。新时代，深入研究毛泽东治国理政的核心经验，始终确保中国共产党在社会主义中国治国理政的原则底线，意义重大。

一、治国理政要坚持社会主义发展道路

新中国刚成立时，人口多、底子薄，经济文化十分落后。如何在

---

* 本文系安徽省哲学社会科学规划青年基金项目“中国共产党治国理政的理论、实践及其经验启示研究”（AHSKQ2019D002）的阶段性成果，曾发表于《甘肃社会科学》2020年第4期。

这样一个情况复杂的大国探索出一条民族复兴之路，是摆在中国共产党人面前一项极为艰巨的任务。在马克思主义指导下，以毛泽东同志为核心的党的第一代中央领导集体，实事求是地找到了一条符合中国国情的社会主义道路，为新中国的治国理政把握了航向，也为新时代推进国家治理体系和治理能力现代化奠定了重要基础。

（一）新中国确立了社会主义制度

社会主义道路的坚持，需要有政治制度的支撑。毛泽东立足于新中国具体国情，以马克思主义国家学说为指导，以苏联等其他社会主义国家为借鉴，构建了一整套具有中国特色的社会主义制度。关于国体，毛泽东在 1948 年九月会议上指出，“我们政权的阶级性是这样：无产阶级领导的，以工农联盟为基础，但不是仅仅工农，还有资产阶级民主分子参加的人民专政”[1]，为新中国的国体做出了初步规划。新中国成立后，我们正式建立了工人阶级领导的、以工农联盟为基础的人民民主专政，在中国大地上首次开创了人民当家作主的政权形式，保证了人民群众的地位，保障了人民群众的利益。关于政体，毛泽东在 1948 年 1 月 18 日为中共中央起草的决定草案中指出：“中华人民共和国的权力机关是各级人民代表大会及其选出的各级政府。”[2]这就为新中国的政体提供了思想框架。新中国成立后，中国共产党确立了人民代表大会制度的政权组织形式，整个国家机构按照一切权力属于人民和民主集中制的原则组成和运转，保证了国家各项工作的有序、高效进行。关于政党制度，1949 年 9 月 29 日，政协一届全体会议通过的具有临时宪法性质的《共同纲领》，对共产党与各民主党派真诚合作、共商大计做了基本规划。新中国进一步确立了中国共产党领导下

---

〔1〕《毛泽东文集》第 5 卷，人民出版社 1999 年版，第 135 页。

〔2〕《毛泽东选集》第 4 卷，人民出版社 1991 年版，第 1272 页。

的多党合作与政治协商制度，毛泽东多次强调要发挥各个党派在国家建设中的合力作用，指出："究竟是一个党好，还是几个党好？现在看来，恐怕是几个党好。不但过去如此，而且将来也可以如此，就是长期共存，互相监督。"〔1〕坚持中国共产党的领导，发挥民主党派参政议政、民主监督的作用，有利于社会主义民主政治的发展，有利于祖国和平统一大业的实现。在民族政策上，1949 年 9 月 21 日至 30 日，中国人民政治协商会议第一届全体会议召开，此次会议设立了民族事务组，其后成立民族和宗教委员会，对社会主义国家的民族和宗教事务进行规范管理。1952 年 8 月 8 日，《中华人民共和国民族区域自治实施纲要》颁布，规定了社会主义新中国民族区域自治制度，推进了各民族的平等团结和共同繁荣，展现了以毛泽东同志为核心的党的第一代中央领导集体治国理政的政治智慧。此后，1954 年 9 月 20 日，新中国第一部《宪法》诞生，其规定的关于治国理政的各项制度和法则，奠定了新中国社会主义宪政的坚实基础，展现了新中国社会主义制度独特的优势，为坚持社会主义道路提供了法理依据。在新的时代条件下，中国共产党仍然始终强调要"长期坚持、不断发展社会主义民主政治，积极稳妥推进政治体制改革"〔2〕，为社会主义发展道路提供政治保障。

经过 70 多年的发展，中国政治体制在实践中逐步完善，并日益显现出其显著优越性。当前中国的人民民主专政、人民代表大会制度、中国共产党领导的多党合作和政治协商制度、民族区域自治制度、基层群众自治制度等，为我国的国家治理提供了根本和重要的制度保障。

---

〔1〕《毛泽东文集》第 7 卷，人民出版社 1999 年版，第 34 页。

〔2〕 习近平：《决胜全面建成小康社会 夺取新时代中国特色社会主义伟大胜利——在中国共产党第十九次全国代表大会上的报告（2017 年 10 月 18 日）》，《人民日报》2017 年 10 月 28 日。

这是毛泽东对治国理政探索的重大成果，亦是我们党治国理政的根本经验，需始终坚持不动摇。

（二）新中国实现了经济上的“一化三改”

新中国经济的恢复和发展，既是坚持社会主义道路的重要体现，又为坚持社会主义道路提供了物质保障。新中国成立后，毛泽东在经济稳步恢复发展的基础上，于 1953 年 6 月 13 日至 8 月 13 日召开的全国财经工作会议上强调：“党在过渡时期的总路线和总任务，是要在十年到十五年或者更多一些时间内，基本上完成国家工业化和对农业、手工业、资本主义工商业的社会主义改造。”这条总路线是“照耀我们各项工作的灯塔。不要脱离这条总路线，脱离了就要发生‘左’倾或右倾的错误”[1]。毛泽东提出了过渡时期总路线的具体表述，规定了党在过渡时期的任务，要求最终实现社会主义道路。在过渡时期总路线中，关键的是“一化”，即国家的社会主义工业化，这是保证社会主义胜利的重要前提。面对生产落后、产量低下、发展畸形的旧中国工业，以毛泽东同志为核心的党的第一代中央领导集体励精图治、攻坚克难，在新中国社会主义工业化方面作出了巨大贡献。“一五”期间，我国在加强纺织、食品、造纸等基础工业的同时，还新建了机械制造、有色冶金、电子等工业部门，为建立较为完整的工业体系打下了基础；除沿海地区以外，东北、华中华北、西南西北等工业基地兴起，全国工业布局逐渐趋向合理；为适应工业化的发展，“一五”期间新建城市 6 个，扩建城市 94 个，城市人口达 6902 万人，比 1952 年增加了 38.9%[2]，人民生活水平得到普遍改善，新中国经济基础得到明显增强。毛泽东在注重“一化”的同时，亦不放松“三改造”。农业、手工

〔1〕《毛泽东年谱（1949—1976）》第 2 卷，中央文献出版社 2013 年版，第 116 页。
〔2〕 国家统计局编：《中国统计年鉴 1984》，中国统计出版社 1984 年版，第 304 页。

业和资本主义工商业的社会主义改造是新中国成立初期毛泽东治国理政的重要方面。1953 年 6 月 15 日，毛泽东在中共中央政治局会议上强调："就农业来说，社会主义道路是我国唯一的道路。发展互助合作运动，不断地提高农业生产力，这是党在农村中工作的中心。"[1]农业互助合作运动的发展，有效促进了农业生产的发展，1956 年底，我国农业生产总值达 583 亿元（按 1952 年不变价格计算），比 1952 年的 484 亿元增长了 20.5%[2]，为大规模的工业建设提供了粮食、资金等方面的有力保障。旧中国分散、落后、不稳定的手工业在社会主义改造后，成为社会主义国营经济领导下的重要补充，而资本主义工商业社会主义改造的完成，则"是我国和世界社会主义历史上最光辉的胜利之一"[3]。毛泽东对我国经济体制社会主义方向的坚持，使新中国顺利实现了从新民主主义到社会主义的过渡，并为其后党的治国理政提供了重要的物质积累和实践基础。以毛泽东同志为核心的党的第一代中央领导集体探索确立的社会主义基本经济制度，在其后的建设和改革中经过了不断的发展。

经济基础决定上层建筑，经济体制对于治国理政的其他各个方面都具有重要影响和传导作用。在当前实现"两个一百年"奋斗目标的关键期，始终坚持和完善社会主义基本经济制度，对于推进国家治理体系和治理能力现代化具有重要意义。

（三）新中国坚持了文化的社会主义方向

文化既是政治和经济发展的反映，又是政治和经济发展的引导。作为上层建筑的文化，具有明显的阶级性。新中国成立后，坚持新中

[1]《毛泽东年谱（1949—1976）》第 2 卷，中央文献出版社 2013 年版，第 116 页。
[2] 国家统计局编：《中国统计年鉴 1984》，中国统计出版社 1984 年版，第 132 页。
[3]《邓小平文选》第 2 卷，人民出版社 1994 年版，第 186 页。

国文化发展的社会主义方向，是毛泽东对新中国文化建设作出的巨大贡献，亦为新时代社会主义文化建设提供了最初的理论框架。在新中国成立初期复杂的文化背景下，毛泽东多次强调要坚持马克思主义指导，确保文化建设始终走在社会主义道路上，并指出“指导我们思想的理论基础是马克思列宁主义”[1]，而不是什么别的主义。各地在实施文化教育政策时，也充分强调了马克思主义对于社会主义文化的重要性，认为：“马列主义是放之四海而皆准的真理。毛泽东思想则是马列主义的普遍真理与中国革命的具体实践相结合，只要掌握了这个武器，就可以改变立场观点和方法，就可以拿新观点新认识去排除旧观点和旧认识，拿正确的想法和看法去代替那些不正确的想法和看法。”[2]因此，要合理地将政治思想教育与文化科学教育结合起来。为彻底荡涤反动政府遗留的污泥浊水，合理保留中华优秀文化，1951 年 4 月 3 日，政务院提出戏曲改革要实行“百花齐放，推陈出新”的方针。1956 年 4 月 28 日，毛泽东正式提出文化建设的“双百”方针。他指出：“艺术问题上的百花齐放，学术问题上的百家争鸣，我看应该成为我们的方针。”[3]“双百”方针的提出，为发展多样化的社会主义文化提供了重要指导。在上述方针政策的指引下，各地相继推出了改造旧文化、推行新文化的工作方针，并坚持“文化工作的方向应该是团结新旧文艺工作者，改造旧文艺发展新文艺，启发人民的政治觉悟，鼓励人民的劳动热情。因此，一切不团结旧艺人、简单地抛开旧文艺的态度是错误的，不加批判地接受旧文艺的态度也是错误的”[4]。在毛泽东发展社会

[1]《毛泽东文集》第 6 卷，人民出版社 1999 年版，第 350 页。

[2]《1950 年陕西省文教工作的任务和计划》，陕西省档案馆，卷宗号 149-1-2。

[3]《毛泽东文集》第 7 卷，人民出版社 1999 年版，第 54 页。

[4]《1950 年陕西省文教工作的任务和计划》，陕西省档案馆，卷宗号 149-1-2。

主义文化思想的指引下，新中国文化事业蓬勃发展，逐渐显示出了中国的文化软实力和社会主义优越性。

新时代，“坚持中国特色社会主义文化发展道路，激发全民族文化创新创造活力，建设社会主义文化强国”[1]，既是对毛泽东建设社会主义文化思想的继承，也是对其在新的历史条件下的发展，并为国家治理体系和治理能力现代化提供了思想文化保障。

二、治国理政要坚持人民民主专政

旧中国，人民受尽帝国主义、封建主义和官僚资本主义“三座大山”的压迫，苦不堪言，灾难深重。建设一个人民当家作主的人民民主专政国家，是对历史发展和人民需要的有力回应。

（一）对人民实行民主，坚持人民当家作主

对人民实行民主，真正实现人民当家作主，是新中国治国理政的重要内容和目标所在。在毛泽东领导下，新中国从政治、经济、文化等诸多方面展开了积极有效的措施，真正让人民成为国家主人。在政治上，新中国确立了一系列旨在维护人民权益的政治制度。《共同纲领》明确规定了人民民主专政的国体，从根本上保证了广大无产阶级在国家中的领导地位。此后，人民代表大会制度、中国共产党领导的多党合作和政治协商制度、民族区域自治制度等各项基本政治制度的确立，进一步巩固了人民民主专政的国体。而新中国第一部《宪法》，则首次以国家最高法的形式保证了新中国的一切权力属于人民，捍卫了人民当家作主的神圣权利。在经济上，新中国提高了人民的生活水

〔1〕 习近平：《决胜全面建成小康社会 夺取新时代中国特色社会主义伟大胜利——在中国共产党第十九次全国代表大会上的报告（2017年10月18日）》，《人民日报》2017年10月28日。

平。1949 年 3 月 5 日，毛泽东在中共七届二中全会上指出："如果我们在生产工作上无知，不能很快地学会生产工作，不能使生产事业尽可能迅速地恢复和发展，获得确实的成绩，首先使工人生活有所改善，并使一般人民的生活有所改善，那我们就不能维持政权，我们就会站不住脚，我们就会要失败。"〔1〕毛泽东从治国理政的大局出发，将人民的经济利益与国家的长治久安紧密地联系到了一起。经过中国共产党的不懈努力，人民在经济发展中持续受益，真正实现了翻身做主人的历史转变。据统计，1949 年新中国成立时，人均国民收入为 66 元，经过三年的恢复和发展，1952 年时，人均国民收入为 102 元，增长率为 62.5%〔2〕。到 1956 年底三大改造完成时，国民收入总额已经比 1949 年新中国成立时增加了 13.9%，农业增加值达 8.2%，工业增加值达 27.1%〔3〕，居民生活水平得到显著改善和提高。在文化上，新中国发展了人民的教育文化事业。《共同纲领》规定了新中国教育事业的人民性，强调了其为人民服务的根本宗旨。1949 年 12 月 23 日，第一次全国教育工作会议在北京召开。该次会议提出了学校必须向工农开门的方针，确保了广大人民受教育的权益。在全国各地，相继创办了冬学班、识字班、农民业余学校等，扫盲运动得到大力推广。在毛泽东人民教育思想的指引下，新中国的教育文化事业迅速发展。据统计，至 1957 年，全国已建成小学 54.73 万所，在校学生 6428.3 万人；建成初中 0.89 万所，在校学生 90.43 万人，学龄儿童入学率达 61.7%〔4〕。毛泽东坚持人

〔1〕《毛泽东选集》第 4 卷，人民出版社 1991 年版，第 1428 页。
〔2〕 国家统计局编:《中国统计年鉴 1984》，中国统计出版社 1984 年版，第 20—25 页。
〔3〕 孙建:《20 世纪的中国——走向现代化的历程（经济卷 1949—2000）》，人民出版社 2010 年版，第 170 页。
〔4〕 中华人民共和国教育部计划财务司编:《中国教育成就——统计资料（1949—1983）》，人民教育出版社 1984 年版，第 20—30 页。

民民主专政，确保人民当家作主，切实维护人民权益，体现了一个无产阶级政治家的革命初心，也展现了其治国理政的价值旨归。

新中国成立70多年来，中国共产党始终坚决维护广大人民群众当家做主的历史地位，全心全意为人民服务，切实做到人民至上，这也是我们党执政理念的集中体现。

（二）对敌人实行专政，维护国家安全

对敌人实行专政是维护国家安全的必要措施。镇压被推翻的剥削阶级和一切敌对势力的反抗和破坏，是无产阶级专政的重要历史任务。人民民主专政是具有中国特色的无产阶级专政，因此，对敌人实行专政是人民民主专政的题中应有之义。从国家对内职能的视角出发，毛泽东认为，对敌人实行专政，“就是压迫国家内部的反动阶级、反动派和反抗社会主义革命的剥削者，压迫那些对于社会主义建设的破坏者，就是为了解决国内敌我之间的矛盾”[1]。新中国成立之初，国内形势纷繁复杂。国民党残余部队的负隅顽抗对新生政权产生了重大威胁，土匪特务的大量存在影响了新生政权的稳定，部分边境分裂势力的伺机作乱也对新生政权产生了困扰。为维护国家安全，就必须要对敌人实行专政，“不这样，革命就要失败，人民就要遭殃，国家就要灭亡”[2]。从国家对外职能的视角出发，毛泽东认为，对敌人实行专政，“就是防御国家外部敌人的颠覆活动和可能的侵略”[3]。新中国成立之初，国际形势严峻微妙。以美国为首的资本主义阵营对新中国施加了种种压力，他们在政治上打压中国，经济上封锁中国，军事上侵略中国。基于上述原因，新中国必须时刻保持警惕，以专政的形式维护国家安全。

---

〔1〕《毛泽东文集》第7卷，人民出版社1999年版，第207页。

〔2〕《毛泽东选集》第4卷，人民出版社1991年版，第1475页。

〔3〕《毛泽东文集》第7卷，人民出版社1999年版，第207页。

对敌人实行专政也是维护人民安全的必要措施。人民民主专政，涵盖了对人民实行民主、对敌人实行专政的双重维度。对敌人实行专政是对人民实行民主的有效保障，也只有对敌人实行了专政，才能真正确保对人民实行民主。1949 年 6 月 30 日，毛泽东在《论人民民主专政》一文中指出："我们对于反动派和反动阶级的反动行为，决不施仁政。"[1]这一果断坚决的表态反映了毛泽东对人民民主专政的清醒认知。

在新中国的建设过程中，毛泽东在实践基础上又进一步感悟到对敌人实行专政以维护人民革命胜利成果的必要性，如果不坚持，就"不能镇压反革命、不能抵抗帝国主义，不能建设社会主义，建设起来也不能巩固"[2]。在经历 7 年多的治国理政之后，毛泽东又于 1957 年 2 月 27 日对该问题作了更为具体的论述。其中，他明确谈到对敌人实行专政是"为了维护社会秩序和广大人民的利益"，是"为了保卫全体人民进行和平劳动"[3]，同时，毛泽东还将对人民实行民主与对敌人实行专政的关系进行了深入的分析，深刻认识到两者的辩证关系，指出"这两个方面是分不开的"[4]，彰显了其治国理政思想中蕴含的大智慧。

中国是个爱好和平的国家，始终高举和平、发展、合作、共赢的旗帜，维护世界和平，促进共同发展。在复杂多变的国际形势中，中国始终坚持严正立场，以是非分明的态度，立场坚定地应对敌人攻讦、维护中国利益，这也是当前及今后中国共产党治国理政的重要原则和底线。

---

〔1〕《毛泽东选集》第 4 卷，人民出版社 1991 年版，第 1476 页。

〔2〕《毛泽东文集》第 7 卷，人民出版社 1999 年版，第 35—36 页。

〔3〕《毛泽东文集》第 7 卷，人民出版社 1999 年版，第 207 页。

〔4〕《毛泽东文集》第 8 卷，人民出版社 1999 年版，第 297 页。

三、治国理政要坚持中国共产党的领导

中国共产党的领导地位是在长期革命斗争中形成的，是历史、人民和时代的必然选择。新中国成立后，毛泽东始终坚持中国共产党对国家政权强有力的领导，并结合国家中心任务和党的实际情况积极推进党的建设，为其后发挥党在治国理政中的核心领导地位、推进全面从严治党奠定了重要基础。

（一）坚持党的领导源于党的先进本质和人民的根本需要

长期革命斗争的历史经验告诉我们：只有坚持党的领导，才能确保党的事业取得胜利。新中国成立时，面对国际国内严峻形势，坚持党对新生国家的领导权，发挥党在治国理政中的核心领导作用，是毛泽东治国理政思想的根本准则。坚持党的领导，源于党自身的优秀品质。中国共产党是无产阶级的先锋队，也是中国人民和中华民族的先锋队，本领过硬，能力过强。在经过完成民主革命遗留任务、遏制通货膨胀、统一财政经济等治国理政的具体实践之后，毛泽东坚信“党是有能力领导全国人民进到社会主义社会的”〔1〕，对中国共产党的领导能力进行了高度肯定。1956 年 8 月 30 日，在中共八大预备会上，毛泽东自信地谈道：“我们党是一个伟大的、光荣的、正确的党，这是全世界公认的。”〔2〕在经过整风整党、“三反”、“五反”等一系列有利于加强党的建设的运动后，党的纯洁性和先进性得到了有效保证，凝聚力得到了显著增强。基于此，毛泽东在中共八大开幕式上再次指出：“我们的党现在比过去任何时期都更加团结，更加巩固了。”“我们的党

---

〔1〕《毛泽东文集》第 6 卷，人民出版社 1999 年版，第 422—423 页。
〔2〕《毛泽东文集》第 7 卷，人民出版社 1999 年版，第 86 页。

已经成了团结全国人民进行社会主义建设的核心力量。”[1]坚持党的领导，源于人民的根本需要。中国共产党始终代表人民利益，只有中国共产党，才能真正做到全心全意为人民服务。新中国成立当月，毛泽东在和绥远负责人的谈话中提道：“应当说，一切都是为了人民的利益。打仗，是为人民求解放；和平解放，团结改造，也是为了人民的利益。”[2]毛泽东清晰明确地指出了中国共产党执政为民的价值旨归，只有紧紧依靠党的领导，人民群众才能获得自由和权益。在党的领导下，新中国各项事业进展顺利，人民群众生活水平得到显著提高，党的执政基础得到有效巩固。1955 年 7 月 31 日，在农业合作化问题的谈话中，毛泽东指出：“我们必须相信：（1）广大农民是愿意在党的领导下逐步地走上社会主义道路的；（2）党是能够领导农民走上社会主义道路的。这两点是事物的本质和主流。”[3]人民群众只有在中国共产党的领导下才能摆脱旧社会的压迫和剥削，才能走上社会主义康庄大道。

新时代，党的一切工作仍是以最广大人民的根本利益为最高标准，唯有如此，才能真正做到带领广大人民进行伟大斗争、推进伟大事业、实现伟大梦想。也只有始终坚持党的集中统一领导，坚决维护党中央权威，才能集中力量办大事，才能成功应对一系列重大风险挑战。

（二）坚持党的领导要不断加强党的建设

加强党的建设是为了更好地坚持党的领导。新中国成立后党的角色地位、中心任务、工作环境较之战争时期都发生了巨大变化。一方面，新的历史时期、新的伟大使命对全党提出了更高要求，因而需要不断加强党的建设；另一方面，革命胜利后，少数党员骄傲自大、贪

---

〔1〕《毛泽东文集》第 7 卷，人民出版社 1999 年版，第 114、115 页。

〔2〕《毛泽东文集》第 6 卷，人民出版社 1999 年版，第 10 页。

〔3〕《毛泽东文集》第 6 卷，人民出版社 1999 年版，第 430—431 页。

图享乐等思想上“滑坡”现象的存在，迫切要求不断加强党的建设。为此，毛泽东从治国理政的大局出发，从党的可持续发展的视角考虑，对党的建设采取了一系列切实可行的措施。1950 年 5 月 1 日，中共中央在毛泽东领导下发出了《关于在全党全军开展整风运动的指示》。此次整风运动采取自上而下的步骤，先在县以上的领导干部中开展，再在一般党员干部中进行，意在克服党组织中存在的命令主义、官僚主义等不良作风，加强党的思想建设。在整风运动基础上，1951 年 2 月 18 日，毛泽东在中共中央政治局扩大会议上又做出在全党开展整党的指示：“整党，应以三年时间实现之。其步骤，应是以一年时间（一九五一年）普遍进行关于怎样做一个共产党员的教育，使所有党员明白做一个共产党员的标准，并训练组织工作人员。同时，进行典型试验。”〔1〕此后，党的第一次全国组织工作会议通过了《关于整顿党的基层组织的决议》，整党运动正式开始。在整党运动的准备阶段，主要任务是训练整党工作干部、对党员进行共产主义教育、进行整党运动试点。在整党运动的组织整顿阶段，主要是登记党员，要求党员按照标准提高和改造党员；鉴定审查，要求党员开展批评和自我批评；组织处理，要求在审查基础上对不合格党员做出组织处理；1951 年底和 1952 年初，中共中央又相继做出开展“三反”“五反”运动的决定。1951 年 11 月 30 日，毛泽东在为中共中央起草的转发西南局第一书记邓小平的文件批语中指出：“我们认为需要来一次全党的大清理，彻底揭露一切大、中、小贪污事件，而着重打击大贪污犯，对中小贪污犯则取教育改造不使重犯的方针，才能停止很多党员被资产阶级所腐蚀的极大危险的现象。”〔2〕针对新中国成立后党出现的部分腐化变质现象，

〔1〕《毛泽东文集》第 6 卷，人民出版社 1999 年版，第 145—146 页。
〔2〕《毛泽东文集》第 6 卷，人民出版社 1999 年版，第 190 页。

毛泽东思想警觉、行动迅速地实施了管党治党的措施，并取得了重要成果。“结合‘三反’、‘五反’运动，进行了批判资产阶级本质、划清工人阶级与非工人阶级的思想界限的阶级教育以及中国民族资产阶级的两面性的理论。”[1]“三反”“五反”运动对于保持中国共产党清正廉洁品格、打退资产阶级腐朽思想进攻具有积极作用，反映了以毛泽东同志为核心的党的第一代中央领导集体坚持全面从严治党的决心，也给新时代加强党的建设提供了重要启示。

当前，中国特色社会主义已经进入新时代，打铁还须自身硬，在复杂的国内外环境下，要想取得治国理政的新的伟大成就，就必须毫不动摇地坚持和加强党的领导，坚定不移地坚持全面从严治党，不断提高党的执政能力和领导水平。目前，推进全面从严治党已成为“四个全面”总体战略部署的重要组成部分，勇于自我批评自我革命，结合新情况新问题加强党的建设，强化党的堡垒，是总结党历史发展经验的必然要求，也是巩固党执政地位的紧迫任务。

四、治国理政要坚持马克思主义的指导思想

马克思主义是被实践证明了的科学真理。在新中国成立初期这一重要历史关头，破除封建主义旧思想，扫除资本主义邪思想，牢牢坚持住马克思主义的指导思想，认真学习并灵活运用马克思主义来指导新中国各项建设事业，是中国共产党治国理政的内在要求。

（一）坚持马克思主义指导思想需要深入学习马克思主义

加强对于马克思主义理论的学习，提高中国共产党的执政能力，是治国理政的题中应有之义。新中国成立后，中国共产党为顺利实现

〔1〕 中共安徽省委宣传部：《干部党员及工农积极分子的政治理论教育》，安徽省档案馆，卷宗号 J005-1-11。

从局部执政到全面执政的历史转变做出了诸多努力。但由于部分党员干部的理论素养和领导水准还存在着某种程度的不足，致使党在治国理政的具体实践上出现了一些失误。1950 年 6 月 4 日，毛泽东在《关于土地改革报告的修改》一文中指出，正是由于党的部分领导干部对马克思主义的精神没有吃透，导致“许多同志在这个问题上犯了二元论（甚至是多元论）的错误，将生产关系和使用关系并列，又将生产资料与生活资料并列，作为划分阶级的标准，把问题弄得很糊涂，划错了许多人的阶级成分”〔1〕。上述工作失误在一定程度上给党的治国理政增加了阻力和困难。为解决该问题，中国共产党做出了很大努力，并多次强调加强马克思主义理论学习的重要性。1951 年 2 月 25 日，中共中央严肃指出：“我们党已有五百几十万党员，对于这些党员特别是干部党员认真进行共产主义的教育，不断提高他们的政治觉悟和思想能力，是一个极端重大的任务。”〔2〕此后，各地相继开展了党员干部及工农积极分子的马克思主义理论教育工作，部分地区还建立了党员干部的政治理论轮训学习制度，要求“抽调县级主要干部进行理论学习，各省市党校以三个月至半年为一期进行轮训”〔3〕，切实夯实了党的马克思主义理论素养，为不断提升党的执政能力做出了理论准备。1953 年 1 月 29 日，中共中央决定成立中共中央马克思、恩格斯、列宁、斯大林著作编译局，一大批马克思主义经典著作得到有计划地翻译出版。据统计，“自 1949 年到 1952 年底，马克思恩格斯重要著作中译本共出

〔1〕《毛泽东文集》第 6 卷，人民出版社 1999 年版，第 64 页。

〔2〕《建国以来重要文献选编》第 2 册，中央文献出版社 2011 年版，第 37 页。

〔3〕 中共安徽省委宣传部：《干部党员及工农积极分子的政治理论教育》，安徽省档案馆，卷宗号 J005-1-11。

版33种，合计3137000册”[1]。上述著作的出版，对于促进党员干部学会用马克思主义立场观点来解决问题、及时应对治国理政过程中出现的复杂情况，有着极其重要的作用。1955年3月21日，毛泽东在中国共产党全国代表会议的开幕词中强调：“只要我们更多地懂得马克思列宁主义，更多地懂得自然科学，一句话，更多地懂得客观世界的规律，少犯主观主义错误，我们的革命工作和建设工作，是一定能够达到目的的。”[2]毛泽东明确指出了领会马克思主义精神实质、反对主观主义错误对于新中国革命建设的重大意义。对于学习马克思主义的多元途径，毛泽东也做出了具体指导。1957年1月12日，毛泽东在中国共产党全国宣传工作会议上讲道：“学习马克思主义，不但要从书本上学，主要地还要通过阶级斗争、工作实践和接近工农群众，才能真正学到。”[3]毛泽东对于马克思主义学习路径的不断开拓，对于提高党员干部的马克思主义理论水平和党的执政能力有着积极作用。

在纪念马克思诞辰200周年的大会上，习近平从人类社会发展规律、坚守人民立场、生产力和生产关系思想、人民民主思想、文化建设思想、社会建设思想、人与自然关系思想、世界历史思想以及马克思主义政党建设思想的多个视角，深入分析了“中国共产党人仍然要学习马克思，学习和实践马克思主义，不断从中汲取科学智慧和理论力量”，从而使党能够“更有定力、更有自信、更有智慧地坚持和发展新时代中国特色社会主义，确保中华民族伟大复兴的巨轮始终沿着正

[1]《纪念伟大马克思的诞辰 各大城市热烈进行讲演、展览、出版等活动》，《人民日报》1953年5月5日。

[2]《毛泽东文集》第7卷，人民出版社1999年版，第393页。

[3]《毛泽东文集》第7卷，人民出版社1999年版，第273页。

确航向破浪前行”[1]。

（二）坚持马克思主义指导思想需要灵活运用马克思主义

对马克思主义理论的运用水平，直接影响着我们党治国理政的实际效果。深入学习并灵活运用马克思主义，是强化党治国理政能力的有效措施。毛泽东向来重视对马克思主义理论的实际运用。在中国共产党局部执政时期，毛泽东就曾讲道：“对于马克思主义的理论，要能够精通它、应用它，精通的目的全在于应用。”[2]新中国成立前夕，毛泽东在《唯心历史观的破产》一文中再次指出：“任何思想，如果不和客观的实际的事物相联系，如果没有客观存在的需要，如果不为人民群众所掌握，即使是最好的东西，即使是马克思列宁主义，也是不起作用的。我们是反对历史唯心论的历史唯物论者。”[3]毛泽东清楚地意识到了马克思主义与中国国情相结合的必要性，从哲学的高度批判了理论脱离实际的唯心历史观，提醒广大党员要真正做到学以致用，避免纸上谈兵。在新中国具体的革命建设中，毛泽东更是十分强调对于马克思主义的实际运用，以提升治国理政的效能。针对新中国由新民主主义社会向社会主义社会过渡的特殊情况，毛泽东积极号召广大党员干部学习列宁、斯大林关于社会主义过渡时期的理论，力求以苏联建设社会主义的历史经验来观照当时中国的国家建设。同时，他还指出了学习运用马克思主义过程中需要注意的方面：“我们要学的是属于普遍真理的东西，并且学习一定要与中国实际相结合。如果每句话，包括马克思的话，都要照搬，那就不得了。我们的理论，是马克

[1]《纪念马克思诞辰200周年大会在京举行》,《人民日报》2018年5月5日。
[2]《毛泽东选集》第3卷，人民出版社1991年版，第815页。
[3]《毛泽东选集》第4卷，人民出版社1991年版，第1515页。

思列宁主义的普遍真理同中国革命的具体实践相结合。”[1]毛泽东始终坚持以实际问题为导向，指出马克思主义理论是一种普遍真理，学习的根本目的是要着眼于其在中国国情下的具体运用，为马克思主义中国化作出了巨大贡献。在毛泽东坚持学习并灵活运用马克思主义这一思想观点的指导下，“党的领导机关和许多干部进一步地掌握了马克思列宁主义的普遍真理与中国革命的具体实践之统一的基本方向，因而使党的理论水平有了重要的提高”[2]。毛泽东将马克思主义与中国具体实际紧密结合，为新的历史条件下以马克思主义的立场、观点、方法来观察问题、分析问题、解决问题，提供了行动指南。当前，中国特色社会主义进入了新时代，我国社会主要矛盾也已发生变化，因此，将马克思主义始终地、灵活地运用到新时代治国理政当中，是推进国家治理体系和治理能力的现代化的必要之举。

以毛泽东同志为核心的党的第一代中央领导集体的治国理政，“为我们探索建设中国特色社会主义的道路积累了经验和提供了条件”[3]。当前，深入探究毛泽东治国理政的核心经验，充分发挥其在新时代党治国理政中的积极作用，对于推进国家治理体系和治理能力现代化有着重大意义。

---

〔1〕《毛泽东文集》第7卷，人民出版社1999年版，第42页。

〔2〕《建国以来重要文献选编》第2册，中央文献出版社2011年版，第111页。

〔3〕《在纪念毛泽东同志诞辰120周年座谈会上的讲话》，《人民日报》2013年12月27日。

科学范式、基本硬核与世界视野

——论新中国成立初期毛泽东治国理政理论与实践的三重意义*

以毛泽东同志为核心的党的第一代中央领导集体，在马克思主义指引下，基于中国国情，对治国理政进行了不遗余力的艰辛探索，形成了一系列有关于内政外交国防、治党治国治军、革命建设发展的思想。毛泽东治国理政的理论与实践为开创新中国治国理政的科学范式，奠定新时代治国理政的基本硬核和推进人类社会的进步发展作出了彪炳史册的贡献。本文研究阐释了新中国成立初期毛泽东治国理政理论与实践的历史意义。

一、开创了新中国治国理政的科学范式

从当今眼光来看，新中国成立初期毛泽东治国理政的理论与实践

* 本文系国家社会科学青年基金项目“毛泽东构建新民主主义革命话语的历史经验和现实启示研究”（18CKS010）、安徽省社会科学规划项目“十年探索时期社会主义建设中的论争研究”（AHSKY2014D69）的阶段性成果，曾发表于《广西社会科学》2019年第3期，第二作者为安徽师范大学马克思主义学院教授佘君。

还存在着有待发展和完善的方面，但较之新中国成立之前中国管理国家的模式，这一新的治国理政范式无疑是科学的。新中国成立后，两千多年的“人治”逐渐走向“法治”，传统意识下的“统治”逐渐走向“治理”。这种治国理政范式的转换，反映了历史发展的必然趋势，体现了时代变迁的内在逻辑。

（一）从“人治”逐渐过渡到“法治”

“人治”，指的是依靠统治者个人权威治理国家的一种政治表现形式。在“人治”社会，统治者依靠自上而下的单向线状控权模式，对占社会绝大多数的成员进行等级森严的统治，其特征是权力的一元化。“人治”思想高度强调个人意志的绝对作用，因此，以“人治”为主的中国封建王朝的治国理政，通常都带有浓厚的个人主义色彩，不利于集体智慧的发挥，不利于国家社会的发展。“人治”治国理政范式是历史发展的产物，在一定历史阶段曾发挥过重要作用，但也存在着诸多弊端。由于缺乏平等权利集团与国家权力的相互制约，“人治”极易滋生专制和独裁。由于个人认知能力和实践能力的有限性、个人利益和主观立场的局限性、个人情商和人格心理的差异性等原因，“人治”也极易导致国家层面的决策失误。加之统治者的易位和朝代的更迭，“人治”还极易造成国家治理的思想理念、行动实践的断层。

“法治”，指的是贯彻法律至上、严格依法治国的一种政治表现形式。在“法治”社会，作为反映社会主体共同意志和根本利益的法律，具有至高无上的权威，并在全社会得到有效实施和有力贯彻。以毛泽东同志为核心的党的第一代中央领导集体，给中国的治国理政带来了扑面的春风。新中国成立前夕，中国人民政治协商会议在党的领导下制定了具有临时宪法性质的《中国人民政治协商会议共同纲领》，规定了新中国成立后治国安邦的大政方针，成为新中国依法治国的先声。

新中国成立后，随着破旧立新、“土地改革”、“镇反”等各项事业的开展，以毛泽东同志为核心的党的第一代中央领导集体领导制定了《中华人民共和国婚姻法》《中华人民共和国土地改革法》《中华人民共和国惩治反革命条例》等重要法律法规，为新中国治国理政的具体实践提供了法律依据和行动指南。在国民经济较好恢复的基础上，基于开展大规模经济建设的需要，毛泽东决定制定宪法，并为宪法的起草作出了大量艰辛细致的工作。对于宪法的目的，毛泽东指出：“我们现在要团结全国人民，要团结一切可以团结和应当团结的力量，为建设一个伟大的社会主义国家而奋斗。这个宪法就是为这个目的而写的。”〔1〕对于宪法的作用，毛泽东强调：“一个团体要有一个章程，一个国家也要有一个章程，宪法就是一个总章程，是根本大法。用宪法这样一个根本大法的形式，把人民民主和社会主义原则固定下来，使全国人民有一条清楚的轨道，使全国人民感到有一条清楚的明确的和正确的道路可走，就可以提高全国人民的积极性。”〔2〕在毛泽东领导下，新中国法治建设取得了重大成就，至 1957 年底，国家总计颁布的法律法规就有 940 多件。在立足新中国成立初期治国理政的实践经验上，1957 年 1 月 27 日，毛泽东在给省市自治区党委书记的讲话中，严厉要求：“一定要守法，不要破坏革命的法制。”〔3〕毛泽东对于“法”的高度重视，使得“法治”理念逐渐深入人心，扭转了旧中国的“人治”思想，为后来改革开放推进依法治国奠定了重要的理论基础和实践基础。

（二）从“统治”范式逐渐走向“治理”范式

自夏朝建制国家以来，古代中国的治国理政一直都采取自上而下

---

〔1〕《毛泽东文集》第 6 卷，人民出版社 1999 年版，第 329—330 页。

〔2〕《毛泽东文集》第 6 卷，人民出版社 1999 年版，第 328 页。

〔3〕《毛泽东文集》第 7 卷，人民出版社 1999 年版，第 197 页。

的统治方式，专制权力是统治得以实行的政治原因。在人类认知水平较为有限的时代，历朝历代君主在武力镇压的基础上，冠以“奉天承运”的名号，利用人们对“天命”的敬畏和服从，囿民众于权威中，借以实现其“治”的目的。尤其是秦汉时期形成的中央集权制，使得政权的上下级之间，“如身之使臂，臂之使指，莫不制从”（《汉书·贾谊传》）。毛泽东在论及国人所受封建束缚时，就谴责了集权社会“由一国、一省、一县以至一乡的国家系统（政权）”〔1〕对民众的统治压迫。土地制度是维系统治的经济原因。统治阶级掌握了统治区域内的全部土地。秦朝末年之前的井田制和之后的封建地主土地所有制，都是通过经济控制实现治国理政的重要手段，尤其是占据历史舞台长达两千余年的封建地主土地所有制，使统治阶级能够仰仗土地占有权，形成普通民众对其严苛的人身依附。毛泽东在深入分析农村阶级时，曾这样定义地主：“占有土地，自己不劳动，或只有附带的劳动，而靠剥削农民为生的，叫做地主。”〔2〕这些地主“对农民有随意打骂甚至处死之权，农民是没有任何政治权利的”〔3〕，突出反映了旧中国强制性的“统治”范式。每一个时代，占统治地位的思想都是统治阶级的思想。统治者为实现其国治邦安的目的，通过潜移默化的思想渗透，渐进推行有利于其统治的精神产品。无论是先秦诸子百家，抑或汉代经学、程朱理学，都为“统治”型治国理政范式提供了理论说明和文化支撑。

新的时代孕育新的思想。从“统治”到“治理”这一治国理政范式的转变，既体现出了时代变迁的逻辑使然，也反映出了治理思维的历史嬗变。与旧中国自上而下单向度的权力运行方式不同，新中国以

〔1〕《毛泽东选集》第1卷，人民出版社1991年版，第31页。
〔2〕《毛泽东选集》第1卷，人民出版社1991年版，第127页。
〔3〕《毛泽东选集》第2卷，人民出版社1991年版，第624页。

多元互动的治国理政方式开启了从“善政”向“善治”转型的历史起点。自下而上的权力运行方式是新中国走向“治理”的重要表现。中华人民共和国是无产阶级专政的国家，人民是国家当家作主的主人。国家权力来源于人民，“我们的权力是谁给的？是工人阶级给的，是贫下中农给的，是占人口百分之九十以上的广大劳动群众给的”[1]；国家权力的主体是人民，“我们的国家是工人阶级领导的以工农联盟为基础的人民民主专政的国家”[2]。新中国成立前通过的具有临时宪法性质的《中国人民政治协商会议共同纲领》，明确规定了人民代表大会制度为新中国的根本政治制度，人民通过各级人民代表大会行使国家权力，各级人民代表大会由人民选举，对人民负责，受人民监督。1954 年宪法更以国家最高法的形式肯定了全国人民代表大会的至高性和广泛性，“这种至高性和广泛性，正体现了全国人大作为最高国家权力机关的法律地位，也决定了全国人大应当具有极大的权威性”[3]。此外，中国共产党领导的多党合作和政治协商、民族区域自治等制度则从协商、自治的层面，体现出了“治理”过程中寻求共识的价值理性，与旧中国通过强制性的“统治”形成的短暂平衡有着本质不同。自上而下与自下而上权力运行方式的有机结合是新中国走向“治理”的内在要求。基于新中国成立初期国内外的严峻形势，在充分发挥“民主”的同时，还要适当实行“专政”，确保“治理”的有效性。新中国成立初期，为快速实现国家的安定团结，确保人民的革命成果，中央人民政府采取了中央集权与分区管理的方式，将全国划分为若干行政区域，“新中国

〔1〕《建国以来毛泽东文稿》第 19 册，中央文献出版社 2023 年版，第 349 页。
〔2〕《毛泽东文集》第 7 卷，人民出版社 1999 年版，第 206—207 页。
〔3〕《毛泽东文集》第 6 卷，人民出版社 1999 年版，第 10 页。李正华、张金才主编：《中华人民共和国政治史（1949—2012）》，当代中国出版社 2016 年版，第 33 页。

地方各级代表会议的召开和各级人民政府的建立，改变了旧中国分裂混乱的局面，实现了大陆真正意义上的统一，扩大了人民民主统一战线，加强了人民民主专政，巩固了人民革命果实，为经济恢复和大规模建设提供了可靠保障”[1]。自下而上和自上而下灵活结合的方式，既发挥了人民群众创造历史的积极性，又克服了国家权力涣散离析的局限性，优化了旧中国治国理政的传统方式，开创了新的时代条件下治国理政的崭新范式，是历史发展的重大进步。

二、奠定了新时代治国理政的基本硬核

以毛泽东同志为核心的党的第一代中央领导集体，对治国理政进行了开创性的探索。历史的车轮行进至今日，虽世情、国情、党情发生了深刻变化，但毛泽东治国理政理论与实践所内蕴的精髓却从未发生过改变。毛泽东治国理政的理论与实践为新时代中国共产党治国理政奠定了基本硬核。

（一）为坚持社会主义道路提供了理论根基

旧中国长期的封建体制使得中国的资本主义发展缓慢，在外国资本主义和本国封建主义夹缝中生存的中国资产阶级先天不足、后天不良，无法承担起带领中国人民走上民族复兴的康庄大道。在中国共产党领导人民推翻帝国主义、封建主义和官僚资本主义“三座大山”后，坚持社会主义道路，是历史和人民作出的共同选择。毛泽东顺应了时代发展的潮流，始终强调“社会主义是中国的唯一的出路”[2]，在新中国成立初期艰难困顿的条件下，意志坚定地走出了一条符合中国具体

---

〔1〕 李正华、张金才主编：《中华人民共和国政治史（1949—2012）》，当代中国出版社 2016 年版，第 20 页。

〔2〕《毛泽东文集》第 7 卷，人民出版社 1999 年版，第 267 页。

实际的社会主义道路。改革开放以来，党始终高举中国特色社会主义伟大旗帜，始终坚持中国特色社会主义道路，朝着国家既定的目标奋勇前进。2016 年 10 月 21 日，习近平在纪念红军长征胜利 80 周年大会上指出："历史是不断向前的，要达到理想的彼岸，就要沿着我们确定的道路不断前进。"[1] 在中国特色社会主义进入新时代的这个特殊历史方位，只有"不忘初心，牢记使命，高举中国特色社会主义伟大旗帜"，才能"实现推进现代化建设、完成祖国统一、维护世界和平与促进共同发展三大历史任务"，才能"全面建成小康社会、夺取新时代中国特色社会主义伟大胜利、实现中华民族伟大复兴的中国梦、实现人民对美好生活的向往"[2]。

（二）为坚持人民民主专政提供了坚实基础

千百年来，备受统治阶级压迫的劳动人民，深受各种赋税徭役的层层盘剥。寻求新的政治地位，翻身成为国家主人，是中国人民梦寐以求的夙愿。毛泽东以历史唯物主义为指导，坚信人民群众是历史发展的主体，并以"人民民主专政"这样对人民实行民主、对敌人实行专政的国体，保障了人民当家作主的地位。毛泽东多次强调人民民主专政的重要性，并要求我们党"牢牢地掌握这个武器"[3]，否则，"革命就要失败，人民就要遭殃，国家就要灭亡"[4]。毛泽东对于人民民主专政的坚持，为此后治国理政中进一步健全人民当家作主制度体系、发展社会主义民主政治提供了坚实基础。新中国成立 70 多年来，我们

〔1〕 习近平：《在纪念红军长征胜利 80 周年大会上的讲话》，人民出版社 2016 年版，第 10 页。

〔2〕《中国共产党第十九次全国代表大会文件汇编》，人民出版社 2017 年版，第 108 页。

〔3〕《毛泽东文集》第 5 卷，人民出版社 1996 年版，第 344 页。

〔4〕《毛泽东选集》第 4 卷，人民出版社 1991 年版，第 1475 页。

国家始终坚持人民民主专政，保障了人民的权利，维护了国家的安定。习近平在党的十九大上指出："我国是工人阶级领导的、以工农联盟为基础的人民民主专政的社会主义国家，国家一切权力属于人民。我国社会主义民主是维护人民根本利益的最广泛、最真实、最管用的民主。发展社会主义民主政治就是要体现人民意志、保障人民权益、激发人民创造活力，用制度体系保证人民当家作主。"〔1〕

（三）为坚持中国共产党的领导提供了历史依据

自近代以来，中国逐渐沦落成为半殖民地半封建社会。在探索救亡图存的道路上，无论是农民阶级的太平天国运动，还是地主阶级的洋务运动，抑或是资产阶级的维新变法、辛亥革命，都没有能够彻底挽救中华民族于风雨飘摇之中。1921 年，中国共产党诞生这一开天辟地的大事，开启了中国革命的新篇章，从此，中国革命便有了坚强的领导核心。没有共产党，就没有新中国。在党的历史上，放弃党对"大革命"以及长征初期的领导权，对国家和人民的前途命运曾造成了严重后果。新中国成立后，党在严峻的国内外形势下，稳定政局、恢复经济、发展文化，取得了一系列重大成就，历史证明了毛泽东的论断："中国共产党是全中国人民的领导核心。没有这样一个核心，社会主义事业就不能胜利。"〔2〕改革开放以来，在时代发展的大潮中，励精图治的中国共产党始终承担起了治国理政领导核心这一历史重任，改变了中国人民苦难深重的境地，实现了中国人民从站起来到富起来、强起来这一伟大的飞跃。在新的历史起点上，在持续推进国家治理体系和治理能力现代化的进程中，习近平再次强调："历史和人民选择

〔1〕《中国共产党第十九次全国代表大会文件汇编》，人民出版社 2017 年版，第 28—29 页。

〔2〕《毛泽东文集》第 7 卷，人民出版社 1999 年版，第 303 页。

中国共产党领导中华民族伟大复兴的事业是正确的，必须长期坚持、永不动摇；中国共产党领导中国人民开辟的中国特色社会主义道路是正确的，必须长期坚持、永不动摇；中国共产党和中国人民扎根中国大地、吸纳人类文明优秀成果、独立自主实现国家发展的战略是正确的，必须长期坚持、永不动摇。”〔1〕

（四）为坚持马克思主义提供了重要遵循

十月革命一声炮响，给中国送来了马克思主义，给中国人民带来了希望。早在 1920 年夏天，毛泽东就成了一名坚定的马克思主义者，在马克思主义指引下，毛泽东对国家命运和革命斗争有了新的认识。在新中国如火如荼的各项建设事业中，毛泽东始终坚持了马克思主义的指导地位。针对新中国成立初期尚存的封建主义、资本主义腐朽思想，毛泽东通过多种途径，肃清了非马克思主义对于新中国的思想腐蚀，确保了治国理政的正确方向。在毛泽东领导下，我国建立了一整套从中央到地方的马克思主义宣传体系，翻译出版了多部马克思主义经典著作，并通过文学、戏剧、电影等人民大众喜闻乐见的形式，推进了马克思主义的大众化和中国化。为建设一个伟大的社会主义国家，毛泽东始终强调“指导我们思想的理论基础是马克思列宁主义”〔2〕。在治国理政的具体过程中，毛泽东还将马克思主义与发展变化着的中国实际相结合，指出“马克思主义的普遍真理一定要同中国革命的具体实践相结合，如果不结合，那就不行”〔3〕，这都为后来中国的治国理政提供了重要遵循。在新时代的治国理政当中，习近平进一步强调

---

〔1〕《庆祝中国共产党成立 95 周年大会在京隆重举行》，《人民日报》2016 年 7 月 2 日。

〔2〕《毛泽东文集》第 6 卷，人民出版社 1999 年版，第 350 页。

〔3〕《毛泽东文集》第 7 卷，人民出版社 1999 年版，第 90 页。

“马克思列宁主义、毛泽东思想一定不能丢，丢了就丧失根本”[1]，并指出“习近平新时代中国特色社会主义思想，是对马克思列宁主义、毛泽东思想、邓小平理论、‘三个代表’重要思想、科学发展观的继承和发展，是马克思主义中国化最新成果”[2]。

三、推进了人类社会的进步发展

新中国成立初期毛泽东治国理政的理论与实践，塑造了一个崭新的东方大国，对维护世界和平，推进世界发展，以及世界科学社会主义的发展有着重要意义，并对全球多国的国家治理提供了重要参考。

（一）维护了世界的和平

自1840年鸦片战争至1949年中华人民共和国成立期间，历经百余年战乱的中国人民，无比渴望和珍惜和平。毛泽东顺应了人民群众对持久和平的向往，客观考虑了新中国恢复发展所需的国际环境，为争取世界和平作出了巨大贡献。新中国成立前夕的1949年6月15日，毛泽东在新政治协商会议筹备会上表示，“中国人民愿意同世界各国人民实行友好合作”[3]，为新中国外交奠定了基调，彰显了中国在治理国家中的世界担当。20世纪50年代，针对美帝国主义在亚洲破坏世界和平的侵略行径，新中国在恢复发展的关键时期，毅然作出抗美援朝的伟大决定，最终打破了美军不可战胜的神话，“维护了亚洲和世界和平，巩固了中国新生的人民政权”[4]。1955年4月18日，亚非会议在印度尼西亚万隆召开。为维护世界的和平安定，共同抵制强权大国

---

〔1〕《习近平谈治国理政》，外文出版社2014年版，第9页。

〔2〕《中国共产党第十九次全国代表大会文件汇编》，人民出版社2017年版，第60页。

〔3〕《毛泽东选集》第4卷，人民出版社1991年版，第1466页。

〔4〕 全国干部培训教材编审指导委员会组织编写：《中国共产党历史二十八讲》，人民出版社、党建读物出版社2006年版，第218页。

的殖民主义与新殖民主义，中国政府顶住各种压力，提出了和平共处五项原则，最终得到了大会认可，并逐渐为世界各国承认和接受，对推动国际关系朝着和平方向发展起到了重大作用。毛泽东治国理政的理论内蕴着对人类和平的终极关怀，其强调的“中国人民是爱好和平的”[1]、“世界和平的责任我们是要担负的”[2]，体现了中国对于世界和平的责任意识和担当意识。在总结新中国成立初期治国理政经验时，毛泽东进一步指出：“我国的外交政策是以和平共处五项原则为基础的。为了缓和国际紧张局势和支援反殖民主义的民族解放运动，我国政府和人民已经做了许多有益的工作。今后还应当做更多的工作，争取世界上一切和平力量使它们更加发展，以有利于世界的持久和平，也就有利于我国的建设。”[3]中国发展与世界和平是紧密相关的，世界和平为中国发展提供了良好环境，而中国发展以及其逐渐发挥在世界事务中的话语权，无疑也是世界和平的重要表现和内在需求。

（二）推进了世界的发展

中国领土广袤，人口众多。作为世界大家庭的重要成员，中国的发展直接关乎全人类的发展。以毛泽东同志为核心的党的第一代中央领导集体在一穷二白的艰难起点上，承担起了新中国治国理政的重任，为中国发展和世界进步作出了艰辛努力。新中国为世界的物质生产立下了功劳。经过“一化三改造”和第一个五年计划，中国工业发展迅速。美国学者莫里斯·梅斯纳在《毛泽东的中国及其发展——中华人民共和国史》一书中分析指出，中国自 1952 年至 1972 年，每 10 年的经济增长率达到 64.5%（人均为 34%），这比日本在相应的工业化启动时

---

〔1〕《毛泽东文集》第 7 卷，人民出版社 1999 年版，第 123 页。

〔2〕《毛泽东文集》第 8 卷，人民出版社 1999 年版，第 217 页。

〔3〕《建国以来毛泽东文稿》第 11 册，中央文献出版社 2023 年版，第 72 页。

期，即 1874 年至 1929 年的每 10 年经济增长率 43%（人均 28%）还要高得多[1]。他写道："曾经长期被轻蔑为'亚洲病夫'的中国 20 世纪初期以小于比利时工业规模的工业开始，在毛泽东时代结束时，却以世界上六个最大工业国家之一的姿态出现了。"中国是世界的重要组成部分，中国的发展也是世界发展的具体体现。[2]

在经过土地改革、农业合作化等重要运动后，新中国的农业发展取得巨大成就。据统计，1949 年我国粮食总产量为 11318 万吨[3]，1957 年粮食总产量为 19504.5 万吨[4]，比新中国成立时增长了 72%。虽然反右扩大化后中国曾出现"共产风"现象，但正如邓小平所言："建国后的头八年，也就是从一九四九年到一九五七年上半年，我们的发展是健康的，政策是恰当的。"[5]新中国成立初期，中国以占世界 7% 的土地养活了 20% 左右的人口，为人类社会作出了巨大贡献。新中国为世界的文明发展贡献了力量。

新中国人口众多，但人们的受教育程度普遍不高。1949 年新中国成立时，我国人口约为 5.5 亿，但有近 80% 的文盲，这大大影响了世界人口的平均素质，成为世界文明传播与发展中的不利因素。毛泽东实事求是地分析了新中国教育存在的严重问题，指出"现在我国不仅有许多到了学习年龄的儿童没有学校可进，而且还有一大批超过学龄

---

〔1〕［美］莫里斯·梅斯纳：《毛泽东的中国及其发展——中华人民共和国史》，张瑛等译、丘成等校，社会科学文献出版社 1992 年版，第 487 页。

〔2〕［美］莫里斯·梅斯纳：《毛泽东的中国及其发展——中华人民共和国史》，张瑛等译、丘成等校，社会科学文献出版社 1992 年版，第 486 页。

〔3〕 当代中国研究所编：《中华人民共和国史编年·1949 年卷》，当代中国出版社 2004 年版，第 838 页。

〔4〕 当代中国研究所编：《中华人民共和国史编年·1957 年卷》，当代中国出版社 2011 年版，第 862 页。

〔5〕《邓小平文选》第 3 卷，人民出版社 2004 年版，第 253 页。

的少年和青年也没有学校可进，成年人更不待说了”[1]，他要求结合农业合作化、生产建设等具体工作大力发展新中国教育，并“有步骤地谨慎地进行旧有学校教育事业和旧有社会文化事业的改革工作”[2]。在以毛泽东同志为核心的党的第一代中央领导集体领导下，新中国教育事业蓬勃发展，到 1957 年，全国建成小学 54.73 万所、初中 0.89 万所、高中 0.22 万所、高等学校 229 所，各阶段在校生分别为 6428.3 万人、537.7 万人、90.43 万人和 44.1 万人，学龄儿童入学率达到 61.7%[3]，大大改变了中国人口的受教育状况，推进了世界人口的素质提升，为中国建设和世界发展提供了人才储备。此外，新中国还推行了“百花齐放、百家争鸣”的文艺方针，建构了新的科学研究体系和管理体制，对促进中国和世界科学文化的繁荣发展起到了积极的推动作用。

（三）为世界各国的治国理政提供重要参考

经过新中国成立初期的治国理政，我国呈现出了欣欣向荣的蓬勃生机，这与山河破碎、生灵涂炭的旧中国形成了鲜明对比，也印证了新中国成立初期毛泽东治国理政理论与实践的科学性。毛泽东治国理政的理论与实践是人类社会的共同财富，它对世界科学社会主义的发展有着重要意义，并对全球多国的国家治理提供了重要参考。毛泽东治国理政理论与实践对世界科学社会主义的发展作出了重大贡献。马克思主义经典作家对科学社会主义作出了多种理论阐释，但对于一个经济文化落后的大国如何从新民主主义社会过渡到社会主义社会、对于社会主义社会的具体治理，却没有作出详细的论述。以毛泽东同志为

〔1〕《毛泽东文集》第 6 卷，人民出版社 1999 年版，第 455 页。
〔2〕《毛泽东文集》第 6 卷，人民出版社 1999 年版，第 71 页。
〔3〕 中华人民共和国教育部计划财务司编:《中国教育成就（统计资料 1949—1983）》，人民教育出版社 1984 年版，第 21、23、184、226 页。

核心的党的第一代中央领导集体以马克思主义为指导，以新中国具体实际为基础，创造性地提出了过渡时期总路线，确立了社会主义制度，避免了社会的过度动荡，实现了新民主主义向社会主义的平稳过渡。同时，在治国理政过程中，毛泽东还推进了马克思主义中国化的不断发展，铸就了社会主义国家治国理政的不朽篇章——《论十大关系》和《关于正确处理人民内部矛盾的问题》等，在历史发展的新阶段对社会主义建设提出新的思考，推进了“第二次结合”，为世界社会主义的发展提供了宝贵经验，因此，“毛泽东在科学社会主义发展史上占有极其重要的地位”〔1〕。

毛泽东治国理政理论与实践对全球多国的国家治理提供了重要参考。新中国成立初期治国理政取得的辉煌成就至今仍为世界所惊叹，而在经历曲折之后最终走上中国特色社会主义道路后的巨大发展，也与毛泽东治国理政理论与实践奠定的基础紧密相关。英国学者迪克·威尔逊曾言，“像毛泽东这样一个伟人，在历史上是罕见的”，并指出毛泽东“为中国创造了全新的社会、经济和政治制度”〔2〕，高度评价了毛泽东治国理政理论与实践对中国当前发展和世界历史进步所作出的伟大贡献。美国学者罗斯·特里尔则指出：对于20世纪中叶的大多数中国人来说，毛泽东的主要功绩在于统一了中国。这个国家的幅员和多样性与整个欧洲相当，但常常缺乏政治上的统一。在20年代，中国变得如此衰败和混乱，像一盘散沙，如孙中山哀叹的——以致许多中外人士本能地认为，不可

〔1〕 李捷：《毛泽东对科学社会主义创新发展的历史贡献》，《毛泽东思想研究》2014年第3期。

〔2〕［英］迪克·威尔逊：《毛泽东传》，中共中央文献研究室《国外研究毛泽东思想资料选辑》编辑组编译，国际文化出版公司2011年版，第1页。

能把中国合而为一了。[1]罗斯·特里尔通过对比分散割裂的旧中国和经过毛泽东治理后统一强大的新中国，高度肯定了毛泽东治国理政的丰功伟绩。

在马克思主义思想的指引下，毛泽东对中国的治国理政进行了艰辛探索，开创了中国治国理政的科学范式，奠定了新时代治国理政的基本硬核，更为人类社会的进步发展作出了彪炳史册的贡献。新的时代条件下，全面总结毛泽东治国理政的历史经验，深入阐释毛泽东治国理政理论与实践的历史意义，是推进中国国家治理体系和治理能力现代化的内在要求，也是推进全球治理现代化的有益举措。

---

〔1〕［美］罗斯·特里尔：《毛泽东传》，何宇光、刘加英译，中国人民大学出版社 2010 年版，第 497 页。

论毛泽东国家治理思想传统文化意蕴形成的逻辑进路*

中国传统文化蕴含着为政之理、治吏之道的丰富智慧。毛泽东高度重视中国的传统文化，其国家治理思想亦彰显出了浓郁的传统文化意蕴。毛泽东对传统文化的博学广闻和深度学习、明辨慎思和科学分析、笃行践履和灵活运用，是其国家治理思想传统文化意蕴形成的重要逻辑进路。

一、博学：毛泽东对传统文化的博学广闻和深度学习，为其国家治理思想传统文化意蕴的形成积淀了厚实基础

毛泽东一生酷爱学习，博览群书。博大精深的中华优秀传统文化在毛泽东孜孜不倦的学习中，潜移默化地渗透到了毛泽东的思想意识。毛泽东对传统文化的博学广闻和深度学习，使其积累了深厚的传统文

* 本文系国家社科基金重大项目“加强党史、新中国史、改革开放史、社会主义发展史教育研究”（21ZDA074）的阶段性成果，曾发表于《重庆邮电大学学报（社会科学版）》2023年第35期。

化功底，这也为其国家治理思想传统文化意蕴的形成奠定了基础。

（一）幼年时期的毛泽东接受了传统文化的启蒙和熏陶

毛泽东出生于 1893 年，此时正是清朝光绪十九年。鸦片战争后，清政府逐渐走向衰落，幼年时期的毛泽东就生活在这个新旧交替、以旧文化为主的时代。湘楚大地的湖南湘潭韶山冲，是毛泽东的出生地。在这里，毛泽东开始接受传统的私塾教育。

私塾教育虽然有一定的弊端，但在当时的社会历史条件下，也是获取知识的重要途径。断断续续的私塾教育使少年毛泽东积累了中国传统文化的深厚功底，潜移默化地影响了他后来关于国家治理的思想。毛泽东曾在接受西方记者埃德加·斯诺的采访时说："我认为这些书大概对我影响很大，因为是在容易接受的年龄里读的。"〔1〕出生于封建社会末期的毛泽东，在年少时接受了以儒学为主的传统文化的熏陶，并从中大获裨益。后来，周恩来也指出了中国传统文化对毛泽东的巨大影响，并言："读古书使他的知识更广更博，更增加了他的伟大。"〔2〕国家治理是一项庞大的系统工作，中国传统文化无疑给毛泽东国家治理思想提供了最初的滋养。

1902 年，9 岁的毛泽东第一次踏入私塾大门，在韶山南岸下屋场私塾识读了《三字经》《论语》《孟子》等传统蒙学经典。1904 年至 1906 年，毛泽东又先后学习于韶山关公桥、桥头湾、钟家湾、井湾里等私塾。辗转于不同学堂、受教于不同老师，在某种程度上也拓宽了毛泽东对于传统文化学习的视野。

1906 年夏，时年 13 岁的毛泽东停学在家。作为家里的长子，他应其父要求，承担起了繁重的农田劳动和与父亲生意相关的土地抵押、

〔1〕［美］埃德加·斯诺：《西行漫记》，董乐山译，东方出版社 2005 年版，第 122 页。
〔2〕《周恩来选集》上卷，人民出版社 1980 年版，第 333 页。

粮食运输等方面的记账事务。但毛泽东始终没有放弃学习，四处筹书。“凡是在韶山冲能够借到的书，他都借来读了，连佛家的经书也读。”[1]《盛世危言》《列强瓜分之危险》等就是毛泽东停学期间阅读的书籍，这些书籍对于唤起毛泽东的爱国情怀有着重要的启发作用。1909 年秋至 1910 年夏，毛泽东成功说服性格执拗的父亲，重回私塾，继续学习。

（二）青少年时期的毛泽东进一步强化了对传统文化的学习

1910 年秋，毛泽东考入湘乡县立东山高等小学堂。在此期间，“历史是他特别喜爱的课程”[2]。同时，他也开始接触康有为、梁启超的著作，如《饮冰室文集》《新民丛报》等书籍期刊。此时，17 岁的毛泽东已成长为一名立志报国的少年，并萌发了对于国家治理的早期见解。在他读过的《新民丛报》原件上，留下了他对国家、宪法和君主等论述的批注，彰显了他对封建王朝的批判和对未来新国家管理形式的期待。

1912 年春，毛泽东考进了湖南全省高等中学校。1912 年下半年，毛泽东开始在湖南省立图书馆自修，他“贪婪地读，拼命地读”，“就像牛进了菜园，尝到了菜的味道，就拼命地吃一样”[3]。1913 年，毛泽东考入湖南省立第四师范学校，阅读了《楚辞》《昭明文选》《读史方舆纪要》等大量古文典籍。由于知识的积累和社会的动荡，这一时期，毛泽东的知识结构和社会观念发生了重大变化。“我的政治思想在这个时期开始形成。我也是在这里获得社会行动的初步经验的。”[4]从他在

〔1〕 孙东升、马京波：《毛泽东的读书之道》，人民出版社 2014 年版，第 5—6 页。

〔2〕［英］菲力普·肖特：《毛泽东传》，仝小秋、杨小兰、张爱茹译，中国青年出版社 2004 年版，第 37 页。

〔3〕 孙东升、马京波：《毛泽东的读书之道》，人民出版社 2014 年版，第 52 页。

〔4〕［美］埃德加·斯诺：《西行漫记》，董乐山译，东方出版社 2005 年版，第 135 页。

长沙求学期间的笔记《讲堂录》可以确切地了解到，毛泽东在湖南省立第一师范学校（1914 年，湖南省立第四师范学校与湖南公立第一师范学校合并组建湖南省立第一师范学校）刻苦钻研了先秦哲学、唐宋古文和明末清初思想家的许多著作，并试图从中寻找救国救民的路径和方法。

1917 年夏，毛泽东和学友萧子升一起，以“汗漫九垓，遍游四宇”的豪迈气概，赴长沙、宁乡、安化、益阳和沅江五县游学，以达“知”“行”统一。1918 年春，他又和蔡和森赴滨湖（洞庭湖）地区游学。这种读“无字之书”的社会调查实践，深化了他对中国传统文化的理解。1918 年 8 月，为组织湖南青年去法国勤工俭学，毛泽东来到全国文化中心——北京，成为北京大学图书馆的一名助理员，并认识了李大钊、陈独秀、胡适等大家。在新文化运动影响下，毛泽东开始反思传统儒学对于国家前途命运的影响。1919 年初，因母亲病重，毛泽东离开北京回湖南，五四运动爆发后，毛泽东在湖南长沙领导开展爱国运动。自此，毛泽东逐渐走上了开展革命斗争的舞台。

（三）中国共产党成立后毛泽东继续学习并运用传统文化

1921 年 7 月，中共一大召开，时年 28 岁的毛泽东作为长沙共产党早期组织的代表出席了会议。8 月，毛泽东与何叔衡开办了湖南自修大学，努力研究致用之学术，从而为社会改造做出必要的准备。由于革命战争的特殊环境，毛泽东学习时间被迫缩减，但在戎马倥偬的岁月里，毛泽东依然利用一切可以利用的机会学习，且更多地将学习与中国革命的现实问题结合起来。

第一次国共合作激发了毛泽东的革命热情，然而，当时极度动荡的中国社会也影响了毛泽东的生活轨迹。1925 年 3 月，毛泽东回老家韶山养病。此时，“毛泽东有了大量的时间可以埋首于他的业余爱好——阅读”[1]。但心系国家命运的毛泽东，不久后又毅然走出了韶山。1926 年 5 月，毛泽东在广州担任农民运动讲习所所长并讲授多门课程。

在艰难困苦的井冈山斗争时期，毛泽东的学习意志也丝毫没有被磨灭。《范文正公集》就是毛泽东在这一时期阅读的书籍，在阅读过程中，他还以书中描绘的北宋江西剿匪的史实对比当时中国共产党的处境，笑称“蒋介石占京为王，我们占山为王”[2]。1932 年 1 月，毛泽东因病住进瑞金城郊的东华山古庙，重读了《水浒传》《三国演义》《孙子兵法》等书籍，力求在历史的经验教训中为反“围剿”寻找突破口。长征途中，生活更为艰辛，毛泽东并未放弃学习，甚至生病骑在马上的时候，在稍微清醒之际抓紧时间读书，并以学习指导实践，真正做到了学以致用。

全面抗日战争时期，为总结中国革命经验、研究指导战争，毛泽东将马克思主义与中国革命实际相结合。1936 年 12 月，毛泽东在总结第二次国内革命战争经验时写就了《中国革命战争的战略问题》。该著作包含丰富的哲学思想，特别是辩证法和认识论。1938 年 5 月至 6 月，毛泽东在延安抗日战争研究会作《论持久战》演讲，进一步坚定了中国人民持久抗战的胜利信心，为夺取抗日战争的胜利指明了正确方向和具体道路。

解放战争时期，结合战争形势和建立新中国的需要，毛泽东不遗余力、不失时机地从传统文化中汲取养料。1949 年 3 月，毛泽东与柳亚子讨论了《登池上楼》《昔昔盐》《惠崇春江晚景》等诗篇，并作答诗鼓励柳亚子以革命事业为重，为中国共产党团结进步人士、巩固发

---

〔1〕［美］瑞贝卡·卡尔：《毛泽东传》，龚格格译，湖南人民出版社 2015 年版，第 53 页。
〔2〕叶永烈：《历史选择了毛泽东》，广西人民出版社 2005 年版，第 123—124 页。

展统一战线做出了贡献。此外，毛泽东还以其他多种形式学习研究传统文化。1949 年 4 月，在北平戏剧界为欢迎党中央迁到北平而组织的晚会上，毛泽东观看了程砚秋的《法门寺》剧目，并点评剧里刘瑾这个角色，反对奴才思想，提倡独立思考[1]。新中国成立后，毛泽东在日理万机中继续坚持学习，以“挤”和“钻”的精神，利用一切可能利用的时间博览群书，力求为新中国国家治理寻求借鉴参照。为系统梳理中国历史发展脉络、探究社会发展规律，毛泽东于 1952 年特地购买了一部乾隆武英殿版的“二十四史”，反复阅读，深刻揣摩，且作了大量对当时乃至现在都意义重大的批注。直至 1976 年逝世前，毛泽东都在阅读和学习。毛泽东的一生都是在读书中度过的，正是广博深厚的中华传统文化积累，铸就了毛泽东国家治理思想的厚重根基。

二、明辨：毛泽东对传统文化的明辨慎思和科学分析，为其国家治理思想传统文化意蕴的形成把握了正确方向

毛泽东在深度学习传统文化的同时，又对其进行了理性审视。尤其在马克思主义传入中国之后，成为马克思主义者的毛泽东在辩证唯物主义和历史唯物主义的指导下，科学分析中国传统文化，并取其精华、弃其糟粕，为其国家治理思想传统文化意蕴的形成把握了正确方向。

（一）毛泽东高度重视传统文化中的精华

毛泽东是中华优秀传统文化的重要传承者和发扬者。毛泽东对传统文化合理内核的剥离和提取，是传统文化之所以能够影响到其国家治理思想的重要基础。

---

〔1〕 阎长林：《在大决战的日子里——毛泽东生活录实》，中国青年出版社 1986 年版，第 258 页。

广博的文化知识是继承发扬中华优秀传统文化的必要前提。旧中国风雨飘摇的特殊时代，激发了毛泽东寻求救国出路的决心。在早期私塾教育中，毛泽东便对历史文化产生了浓厚兴趣。新文化运动开始后，毛泽东亦是立足于对中国历史文化深刻理解的基础上倡导新文化。1919 年 7 月，毛泽东在《湘江评论》上发表文章指出："我们竖看历史。历史上的运动不论是那一种，无不是出于一些人的联合。较大的运动，必有较大的联合。最大的运动，必有最大的联合。"[1]上述言论透露出毛泽东对历史的深刻理解，体现了他对历史与现实紧密关系的深度认知，这对其充分利用历史文化给养现实社会的国家治理有着重要作用。

中国共产党成立后，毛泽东更加注意吸收和借鉴历史文化来指导革命斗争，而每当从历史书籍中学习到有利于现实的宝贵经验时，他亦感到"这真是拨开云雾见青天，快乐不可言"[2]。1936 年 12 月，在《中国革命战争的战略问题》一文中，毛泽东就曾以《水浒传》中林冲以退为进踢翻洪教头的案例论证了战略退却的问题[3]。1942 年 5 月，毛泽东在延安文艺座谈会上提出，"我们必须继承一切优秀的文学艺术遗产，批判地吸收其中一切有益的东西，作为我们从此时此地的人民生活中的文学艺术原料创造作品时候的借鉴"[4]，要求我们努力利用优秀文化成果，从而更好地为中国的现实服务。

新中国成立后，毛泽东以国家治理的站位，更加注重从中华优秀传统文化中汲取营养。1954 年 10 月，在《在国防委员会第一次会议

---

〔1〕 中共中央文献研究室、中共湖南省委《毛泽东早期文稿》编辑组编：《毛泽东早期文稿》，湖南人民出版社 2013 年版，第 312 页。

〔2〕 叶永烈：《历史选择了毛泽东》，广西人民出版社 2005 年版，第 103 页。

〔3〕 参见《毛泽东选集》第 1 卷，人民出版社 1991 年版，第 203 页。

〔4〕《毛泽东选集》第 3 卷，人民出版社 1991 年版，第 860 页。

上的讲话》中，毛泽东从中国陆、海、空军的长远发展和维护国家安全的视角，意味深长地指出，“割断历史是不行的，好像什么都是我们白手起家，这种看法是不对的”[1]，要求在国防军队建设中既要重视培养新人，又要重视向经验丰富的老同志学习。对于传统文化中的精华，毛泽东珍爱有加，并在继承的基础上积极推广发扬。1964 年 8 月，毛泽东在北戴河与几位哲学家谈话时指出：“《天问》了不起，几千年以前，提出各种问题，关于宇宙，关于自然，关于历史。”[2]1973 年 5 月，毛泽东又在中央政治局讲话中指出：“从孔夫子到孙中山，从乌龟壳（甲骨文）到现在，都要进行研究、总结，要有知识。”[3]高度重视中国传统文化并对其精华部分进行继承和发扬，善于总结我国古代治国安邦的丰富经验，是毛泽东一以贯之的态度和做法。

（二）毛泽东深度批判传统文化中的糟粕

毛泽东亦是传统文化的重要批判者和创新者。中国传统文化主要形成于封建社会经济基础之上，其在包含优秀人民文化的同时，也存在着一些腐朽的封建统治阶级思想。因此，毛泽东有辨别、有分析地对待传统文化，剔除传统文化中的糟粕，为优秀传统文化涵养国家治理思想创造了重要条件。

毛泽东具有强烈的革命精神，对于旧时代文化中的消极部分，他自始至终坚决批判。还在湖南第一师范学院读书时，毛泽东就指出：“吾国古学之弊，在于混杂而无章，分类则以经、史、子、集，政教合

---

〔1〕《毛泽东文集》第 6 卷，人民出版社 1999 年版，第 359 页。

〔2〕 毕桂发：《毛泽东评说文人墨客》，解放军出版社 2004 年版，第 7 页。

〔3〕 周继强、王太岳主编：《从胜利走向新的胜利——中国共产党重大会议纪实》第 4 卷，光明日报出版社 2002 年版，第 1604 页。

一，玄著不分，此所以累数千年而无进也。”[1]这一评判敏锐揭示出了古学中长期存在的弊端。在批判的同时，毛泽东还不忘对传统文化进行积极改造，以期最终为国家的进步发展服务。1917年8月，毛泽东在致其历史老师黎锦熙的信中，明确提到要改造东方思想[2]。五四运动爆发后，毛泽东进一步反思中国文化的走向，批判孔学对国人的思想禁锢，反对将孔子思想教条化。1919年7月，毛泽东发表了《健学会之成立及进行》一文，其中论及：“像我们反对孔子，有很多别的理由。单就这独霸中国，使我们思想界不能自由，郁郁做二千年偶像的奴隶，也是不能不反对的。”[3]随着知识的积累、阅历的扩展以及实践的深入，毛泽东更为深刻地意识到：要改变中国人民受剥削受压迫的现状，必须进行坚决彻底的革命，而对旧文化旧习俗的批判，则是革命的重要内容。1927年3月，为答复当时党内外对农民革命斗争的责难，毛泽东在经过一个多月的农村实地考察后，写就《湖南农民运动考察报告》一文，指出：“所有一切封建的宗法的思想和制度，都随着农民权力的升涨而动摇”，而“至于家族主义、迷信观念和不正确的男女关系之破坏，乃是政治斗争和经济斗争胜利以后自然而然的结果”[4]。该文竭力批判扼杀个性、摧残妇女的封建礼教，对于大力宣传解放思想、破除封建家族主义起到了重要作用。1945年4月，毛泽东在党的七大上谈到文化、教育、知识分子问题时，明确要求“一切奴化的、封建主义

---

〔1〕 中共中央文献研究室、中共湖南省委《毛泽东早期文稿》编辑组编:《毛泽东早期文稿》，湖南人民出版社2013年版，第70页。

〔2〕 参见中共中央文献研究室、中共湖南省委《毛泽东早期文稿》编辑组编:《毛泽东早期文稿》，湖南人民出版社2013年版，第73—74页。

〔3〕 中共中央文献研究室、中共湖南省委《毛泽东早期文稿》编辑组编:《毛泽东早期文稿》，湖南人民出版社2013年版，第338页。

〔4〕《毛泽东选集》第1卷，人民出版社1991年版，第32、33页。

的和法西斯主义的文化和教育，应当采取适当的坚决的步骤，加以扫除”[1]，表达出了毛泽东意欲改造传统文化中不良因素的坚定决心。

新中国成立后，随着各方面建设发展的客观需要，毛泽东对传统文化有了进一步的思考和认识。1957 年 3 月，毛泽东在同文艺界代表谈话时，就继承文化遗产的问题表达了自己的看法，指出要清理中华传统文化中的糟粕，并言“文化遗产中有许多毒素和糟粕呢！”[2]但基于国家稳定发展和人民生活安定的考虑，毛泽东对传统文化的批判亦持谨慎态度。1960 年 12 月，毛泽东在会见古巴和厄瓜多尔代表团时谈道：“对中国的文化遗产，应当充分地利用，批判地利用。”[3]这一理性认识和严谨表达，体现出一名大国领袖在国家治理过程中权衡利弊、深思熟虑的审慎态度。

（三）毛泽东注意将传统文化与马克思主义辩证结合

毛泽东是马克思主义中国化的开创者。在辩证唯物主义和历史唯物主义指导下，他积极推动中华优秀传统文化与马克思主义的深度融合，丰富和发展了其国家治理思想。

俄国十月革命以后，马克思主义传入中国。如何实事求是地将马克思主义用来指导中国革命，是摆在当时国人面前的现实问题。继 1918 年 8 月毛泽东初次入京之后，1919 年 12 月，毛泽东再次来到北京。此时，正是马克思主义在中国开始传播的大好时期。毛泽东收集阅读了大量关于马克思主义的书籍，尤其是马克思、恩格斯的《共产党宣言》、考茨基的《阶级斗争》和柯卡普的《社会主义史》等，这些书籍对当时的毛泽东影响甚大。一个出生在中国封建社会末期、长

---

〔1〕《毛泽东选集》第 3 卷，人民出版社 1991 年版，第 1083 页。

〔2〕《毛泽东文集》第 7 卷，人民出版社 1999 年版，第 257 页。

〔3〕《毛泽东文集》第 8 卷，人民出版社 1999 年版，第 225 页。

期接受传统儒学教育的青年，在时代强音的影响下，逐步成长为一名坚定的马克思主义者。正如毛泽东自己所言，“到了一九二〇年夏天，我已经在理论上和在某种程度的行动上，成为一个马克思主义者”[1]。成为马克思主义者的毛泽东在思考问题时有了全新的视角，并以更为辩证、更为科学的态度来重新审视中国传统文化对于中国国家走向的影响。

中华优秀传统文化与马克思主义有很多共通之处，这也是二者之所以能相互契合的重要基础。毛泽东既以马克思主义为指导来推动中华优秀传统文化的前进，又以中华优秀传统文化为根基来推进马克思主义的中国化。1938 年 10 月，毛泽东在党的六届六中全会上指出：“学习我们的历史遗产，用马克思主义的方法给以批判的总结，是我们学习的另一任务。”[2]同时，他还特地提到，“马克思主义必须和我国的具体特点相结合并通过一定的民族形式才能实现”[3]。其上述观点道出了中华优秀传统文化与马克思主义的辩证关系，即我们既要继承和发扬中华优秀传统文化，又要坚持马克思主义的指导思想，二者相辅相成、缺一不可。1940 年 1 月，毛泽东在《新民主主义论》中，从文化的视角，强调了中国传统文化的民族性对于马克思主义的重要性，指出：“必须将马克思主义的普遍真理和中国革命的具体实践完全地恰当地统一起来，就是说，和民族的特点相结合，经过一定的民族形式，才有用处，决不能主观地公式地应用它。”[4]

新中国成立后，面对新情况新形势，毛泽东在批判继承中国传统

〔1〕《毛泽东自述》，人民出版社 1993 年版，第 39 页。
〔2〕《毛泽东选集》第 2 卷，人民出版社 1991 年版，第 533 页。
〔3〕《毛泽东选集》第 2 卷，人民出版社 1991 年版，第 534 页。
〔4〕《毛泽东选集》第 2 卷，人民出版社 1991 年版，第 707 页。

文化为国家治理服务之外，还积极在中国传统文化中寻找马克思主义的生长点。1961 年 3 月，毛泽东在中央工作会议上指出："要把马克思主义当作工具看待，没有什么神秘，因为它合用，别的工具不合用。"[1]这一论断通俗易懂地将马克思主义与我们国家治理的日常工作紧密结合起来，为始终坚持马克思主义的指导地位、推动马克思主义中国化时代化起到了积极作用，亦为后人留下了深刻启示。毛泽东将中华优秀传统文化与马克思主义深度而灵活地结合，在促进中华优秀传统文化现代化的同时，也推动了马克思主义的中国化。

三、笃行：毛泽东对传统文化的笃行践履和灵活运用，为其国家治理思想传统文化意蕴的形成提供了重要路径

毛泽东高度重视将传统文化的智慧运用到国家治理的具体实践当中，从而充分发挥传统文化在国家治理中的实际效能。新中国成立后，毛泽东根据当时的具体情况，不断从中国哲学、人学、文学等传统文化中汲取前进的动力，这也为其国家治理思想传统文化意蕴的形成提供了重要路径。

（一）从中国古典哲学中寻求治国安邦的认识论与方法论

哲学是人类文明活的灵魂，"人民的最美好、最珍贵、最隐蔽的精髓都汇集在哲学思想里"[2]。中国古典哲学遗产丰富、思想深邃，深深影响到了毛泽东的国家治理思想。毛泽东在马克思主义的指导下，立足于中国国家治理的实际，具体地、历史地将中国古典哲学中的认识论、方法论纳入了新中国的国家治理当中。

新中国成立后，百废待兴。如何在这样一个幅员辽阔、人口众多、

---

〔1〕《毛泽东文集》第 8 卷，人民出版社 1999 年版，第 263—264 页。

〔2〕《马克思恩格斯全集》第 1 卷，人民出版社 1995 年版，第 219—220 页。

底子薄弱的大国顺利实现国家治理，无疑是一个系统复杂的客观难题。毛泽东在把握时代趋势、回答实践需要、顺应人民期待的基础上，对中国古典哲学进行了科学挖掘，灵活地将中国古典哲学的精髓运用到了国家治理的具体实践上。1956 年 4 月，毛泽东作了《论十大关系》讲话，该篇讲话是毛泽东国家治理思想的突出表现，亦是指导新中国国家治理的纲领性文件。《论十大关系》贯穿着实事求是的精神，秉承着唯物辩证法的原则，闪耀着哲学智慧的光芒。它既是对马克思主义哲学的生动体现，亦是对中国古典哲学的具体应用。在《论十大关系》中，毛泽东灵活地实现了中国古典哲学与新中国国家治理的话语对接，实事求是地指出在分析中国社会的矛盾时，要做到两点论，“说只有一点，叫知其一不知其二”〔1〕。为进一步巩固党的八大的成果，1956 年 11 月，毛泽东在党的八届二中全会上再次强调了辩证分析中国社会矛盾的重要性，并以大家普遍熟悉的中国古典哲学中有关于“动”和“静”的公案为语境背景，指出“我们对问题要作全面的分析，才能解决得妥当”〔2〕，“世界上就是这样一个辩证法：又动又不动。净是不动没有，净是动也没有”〔3〕。随着新中国社会主义建设的推进，“革命时期的大规模的急风暴雨式的群众阶级斗争已经基本结束”〔4〕，正确处理人民内部矛盾成为当时国家政治生活的主题。1957 年 2 月，毛泽东作了《关于正确处理人民内部矛盾的问题》的讲话。就矛盾的相互转化问题，毛泽东通过中国传统哲学中朴素辩证法的思维因子，引用了道家学说

〔1〕《毛泽东文集》第 7 卷，人民出版社 1999 年版，第 41 页。

〔2〕 中共中央党校编:《马列著作毛泽东著作选读（哲学部分）》，人民出版社 1978 年版，第 429 页。

〔3〕 中共中央党校编:《马列著作毛泽东著作选读（哲学部分）》，人民出版社 1978 年版，第 429 页。

〔4〕《毛泽东文集》第 7 卷，人民出版社 1999 年版，第 282 页。

《老子》中“祸兮福所倚，福兮祸所伏”的名言[1]，将中国古典哲学很好地融入了新中国的国家治理当中。1964 年 8 月，毛泽东在北戴河同哲学工作者的谈话中说道：“近几十年来，科学家把原子核分解了。有质子、反质子、中子、反中子、介子、反介子，这是重的，还有轻的。至于电子和原子核可以分开，那早就发现了……‘一日之锤，日取其半，万世不竭。’这是个真理。”[2]毛泽东为表达基本粒子并不是最后可分的观点，还以《庄子·天下篇》中寓意深刻的文字为其诠释，古为今用，点石成金，在传承发展了中国古典哲学的同时，亦为新中国科学技术的发展提供了重要启示。英国科技哲学学者 T. 李约瑟曾言：“辩证唯物主义发源于中国，经过马克思主义的科学的改造，而后又转向了它的发源地。”[3]毛泽东对中国古典哲学的扬弃与改造，使这个产生于东方古老大地上的中国古典哲学在新的历史时期大放光彩，指导了新中国攻坚克难、谋篇布局的国家治理实践。

（二）从中国传统人学中寻求治国安邦的思想启迪

人学思想是中国传统文化的重要组成部分，儒释道三家的学说包含着丰富的人学思想，对于自幼接受中华传统文化教育的毛泽东影响很大。作为坚定的马克思主义者，毛泽东辩证吸收了中国传统人学思想的合理部分，并将其灵活运用到新中国国家治理上。

毛泽东高度重视“人”。传统文化中的民本思想是毛泽东“人民至上”理念的源头活水，周公的“敬德保民”、孔子的“富民、利民、教民”、孟子的“民贵君轻”、荀子的“君舟民水”、管子的“修法安民”，

---

〔1〕《毛泽东著作选读》下册，人民出版社 1986 年版，第 793 页。

〔2〕 龚育之、逄先知、石仲泉：《毛泽东的读书生活》，中央文献出版社 2003 年版，第 103—104 页。

〔3〕 邓力群主编：《哲学大师毛泽东》(上)，中央民族大学出版社 2004 年版，第 232 页。

以及唐宋明清时期的各种民本论，无不为毛泽东国家治理思想奠定了深厚的人学基础。1949年10月1日，毛泽东在天安门城楼向全世界宣布中华人民共和国成立，“中国人民从此站立起来了！”这一振聋发聩的呼喊，表明了新中国自成立伊始，就是为了改变旧中国人民被压迫被欺凌的生存状况，实现人的真正平等和当家作主，从而最终达到人的自由全面的发展。这一思想高度契合了中国传统人学思想。在读“二十四史”时，毛泽东曾感慨：“洋洋4000万言的二十四史，写的差不多都是帝王将相，人民群众的生活情形、生产情形，大多是只字不提……这是最不符合历史真实的假话。”[1]毛泽东透过纷繁的历史事件，批判了“二十四史”中不符历史真相的描述，肯定了人民在历史发展中的主体地位。毛泽东还非常爱护“人”，认为只要做工作，犯错误在所难免，但关键在改。这与“人非圣贤，孰能无过，知错能改，善莫大焉”的中国传统人学思想的观念是高度吻合的。还在延安局部执政时期，毛泽东就曾提道：“任何政党，任何个人，错误总是难免的，我们要求犯得少一点。犯了错误则要求改正，改正得越迅速，越彻底，越好。”[2]1955年10月，毛泽东在党的七届六中全会上指出：“对于犯错误的同志，只有两条：一条，他本人愿意革命；再一条，别人也要准许他继续革命。”[3]1956年4月，毛泽东又在中央政治局扩大会议上的讲话中说道：“正如得过伤寒病的可以免疫一样，犯过错误的人，只要善于从错误中取得教训，也可以少犯错误。”[4]上述论断辩证地指出正确和错误可以相互转化，正确处理问题，消极因素亦可以转为积极

---

〔1〕 芦荻：《毛泽东读二十四史》，《光明日报》1993年12月20日。

〔2〕《毛泽东选集》第4卷，人民出版社1991年版，第1480页。

〔3〕 赵云献主编：《毛泽东建党学说论》（上），人民出版社2003年版，第682页。

〔4〕《毛泽东文集》第7卷，人民出版社1999年版，第40页。

因素。1966 年 8 月，毛泽东在党的八届十一中全会闭幕式上再次指出："对犯错误的同志总是要给他出路，要准许改正错误。不要认为别人犯了错误，就不许他改正错误。我们的政策是惩前毖后，治病救人，一看二帮，团结——批评——团结。"[1]毛泽东从中国传统人学思想中获取的思想启迪，为新中国国家治理的具体实践提供了重要参考。

（三）从中国古代文学中寻求治国安邦的丰富智慧

中国古代文学浩瀚广博，其中不少作品寓意深刻，蕴含着国家治理的大智慧。毛泽东饱读诗书，文学功底深厚，并主动将中国古代文学的精华与新中国国家治理的实际紧密结合，发挥了中国古代文学在新中国国家治理当中的积极作用。

新中国成立后，毛泽东对国家治理进行了艰辛探索，从传统文化中寻求经验启示，努力建设一个富强、民主、文明的社会主义国家。中国古代文学在国家治理方面给了毛泽东诸多启迪。1953 年 6 月，毛泽东在接见中国新民主主义青年团第二次全国代表大会主席团成员时，以《三国演义》和《水浒传》为例，充分强调知识分子在革命与建设中的重要作用[2]。毛泽东高度重视知识分子的思想，对新中国的知识分子政策起到了重大影响，也为国家治理的人才队伍建设把握了正确方向。1957 年 11 月，毛泽东在莫斯科共产党和工人党代表会议上，以《红楼梦》中"不是东风压倒西风，就是西风压倒东风"的名言来类比当时的国际形势[3]。"东风"指的是国际社会主义运动，"西风"指的是以美帝国主义为代表的西方发达国家、资本主义国家。这一类比形象生动地表达出了当时我国的外交战略，反映了中国古代文学对于毛泽

〔1〕《毛泽东年谱(1949—1976)》第 5 卷，中央文献出版社 2013 年版，第 612 页。
〔2〕 参见《毛泽东著作选读》下册，人民出版社 1986 年版，第 700 页。
〔3〕《毛泽东文集》第 7 卷，人民出版社 1999 年版，第 321 页。

东国家治理思想的影响。1959 年 9 月，毛泽东在各民主党派负责人座谈会上又以《西游记》的典故，来类比党在处理各方面事务时所应掌握的科学方法，强调要透过现象看本质。“《西游记》上许多故事都讲到，开始时不知道是什么精在作怪，是蝎子精，还是蜘蛛精，还是从太上老君那里跑掉的一匹青牛？就是搞不清楚。只看现象，就搞不清本质；搞不清本质，就无法降妖捉怪。”[1]毛泽东以历史唯物主义观点来阐释神话世界同现实世界同构关系的做法，既让我们从传统文化中吸取了经验教训，又为我们当前合理利用传统文化提供了重要参照。

中国传统文化独有的理念、智慧、气度和神韵，为形成具有中国作风、中国气派的毛泽东国家治理思想提供了丰厚滋养。毛泽东对传统文化的博学、明辨、笃行，是其国家治理思想之所以彰显出浓郁传统文化意蕴的重要原因。当前，深入探究毛泽东国家治理思想传统文化意蕴形成的逻辑进路，对于更好地传承和发展中华优秀传统文化，并以中华优秀传统文化推进国家治理体系和治理能力现代化，都具有重要的理论意义和现实意义。

---

〔1〕 黄丽镛编：《毛泽东读古书实录》，人民出版社 2012 年版，第 258 页。

新中国成立初期毛泽东国防和军队建设思想探析

——基于国家治理视角的考察*

国防和军队建设既是国家治理的重要内容，也是国家治理的重要保障。新中国成立后，毛泽东在马克思主义的指导下，立足于新中国具体实际，对国防和军队建设进行了艰辛探索，对国家的长治久安产生了重要作用。当前，基于国家治理的视角，回顾和梳理新中国成立初期的毛泽东国防和军队建设思想，对于全面推进新时代党的国防和军队现代化、国家治理体系和治理能力现代化都具有重要的理论意义和现实意义。

一、坚持党对军队的绝对领导，确保党在国家治理中的核心领导地位

夺取全国政权后，中国共产党成为执政党。继续坚持并进一步强

---

* 本文系安徽省哲学社会科学规划青年基金项目“中国共产党治国理政的理论、实践及其经验启示研究”（AHSKQ2019D002）的阶段性成果，曾发表于《毛泽东研究》2021 年第 2 期，第二作者为安徽师范大学马克思主义学院助理教授赵文能。

化党对军队的绝对领导权，是中国共产党维护国家安全、确保执政地位的必要举措。毛泽东从国家治理的战略大局出发，总结历史经验、立足客观实际，始终强调坚持党对军队的绝对领导，确保了党在国家治理中的核心领导地位，为新时代推进国家治理体系和治理能力现代化奠定了理论和实践基础。

（一）坚持党对军队的绝对领导，是毛泽东对马克思主义基本原理的灵活运用

1949年10月1日，中华人民共和国诞生。以社会主义为发展方向的新中国，在国家治理的各个方面都面临着未曾有过的挑战。如何推进国防和军队建设，捍卫人民革命的胜利果实，是摆在中国共产党人面前的现实问题。以毛泽东同志为核心的党的第一代中央领导集体积极运用马克思主义的立场和观点分析、解决问题，为坚持党对军队的绝对领导做出不竭努力。

坚持党对军队的绝对领导，是毛泽东对马克思主义国家学说和军队理论的灵活运用。马克思主义国家学说和军队理论有着丰富内涵，给了毛泽东诸多启示。首先，军队是阶级斗争的工具，因此军队必须接受所在阶级的政党的领导。1905年11月，列宁在总结无产阶级斗争经验、深刻思考无产阶级革命出路的基础上，在《军队和革命》一文中提出："军队不可能而且也不应当保持中立。"[1]这一著名论断揭示了军队的阶级性，分析了军队与国家之间的内在关联，强调了军队接受所属阶级政党领导的必然性。新中国是人民民主专政的国家，其实质就是无产阶级专政，新中国的人民军队天然地具有无产阶级性质，其接受无产阶级政党——中国共产党的领导，也就成了必然。人民军

〔1〕《列宁选集》第1卷，人民出版社2012年版，第669页。

队，服从于中国共产党的绝对领导，也成了其使命所在。其次，军队是国家政权的重要组成部分，必须由统治阶级的政党来掌握。在人类社会发展的漫长历史中，当阶级开始出现，且阶级矛盾上升至不可调和之状态时，国家便应运而生。军队，则是“国家为进行进攻性或防御性战争而保持的有组织的武装人员的集团”[1]，因此，国家的执政党必须掌握军队的绝对领导权。新中国成立前，中国共产党对这一认识的领悟经历了一个艰难曲折的过程。尤其是大革命失败这一血的教训，让中国共产党清醒地看到了掌握革命武装力量的重要性，也认识到“枪杆子”与“政权”的必然联系。在历经多年革命战争后，毛泽东更加意识到马克思主义理论对于中国革命的指导性，并在实践中积极推进马克思主义的中国化。1938 年 11 月 6 日，毛泽东理论联系实际地指出：“从马克思主义关于国家学说的观点看来，军队是国家政权的主要成分。谁想夺取国家政权，并想保持它，谁就应有强大的军队。”[2]中国共产党从诞生之日起，代表的就是最广大人民的根本利益，就要在半殖民地半封建性质的中国建立起一个真正民族独立、人民解放的政权，因此，要想夺取政权，就必须拥有强大的军队，而夺取政权之后要巩固政权，更应坚持党对军队的绝对领导。最后，无产阶级政党要完成自己的历史使命，也必须要领导无产阶级的军队。在马克思主义国家学说中，无产阶级政党对无产阶级军队的绝对领导，是国家履行职能的内在要求。1850 年上半年，马克思、恩格斯在总结 1848 年至 1849 年欧洲革命中工人阶级的斗争实践时，对无产阶级政党独立领导无产阶级军队做出了深刻分析，同时要求“工人党必须尽量有组织

〔1〕《马克思恩格斯全集》第 16 卷，人民出版社 2007 年版，第 226 页。

〔2〕《毛泽东选集》第 2 卷，人民出版社 1991 年版，第 547 页。

地、尽量一致地和尽量独立地行动起来”[1]。此后，巴黎公社、十月革命的实践也充分证明了无产阶级政党坚持对军队绝对领导的正确性。新中国成立后，作为全面执政的中国共产党，牢牢坚持对军队的领导权，是国家治理的必然要求。捍卫新中国的国家主权和领土完整、维护广大人民群众的根本利益，必须坚持中国共产党对人民军队的绝对领导。

（二）党对军队的绝对领导，是毛泽东对历史与现实的科学把握

新中国成立后，大乱归治，百废待兴，党肩负着国家治理的艰巨任务。坚持党对军队的绝对领导，坚决维护党在国家治理中的核心领导地位，是毛泽东在总结历史经验、把握现实形势下做出的正确抉择。

坚持党对军队的绝对领导，是毛泽东对中国共产党历史经验的总结。1921 年，中国共产党诞生。在幼年时期，党还没有形成关于坚持对军队绝对领导的明确意识和完备理论。在大革命后期，由于中国共产党中央领导机关的右倾机会主义错误，党放弃了对于革命武装力量的领导权，而这也成了大革命失败的一个重要原因。在经历大批党员、群众被屠戮、红色革命力量被削弱的教训之后，1927 年 8 月 7 日，毛泽东在“八七”会议上提出了“政权是由枪杆子中取得的”[2]重要论断，强调了军队领导权与革命成败之间的必然关系。而其后革命战争的事实也证明了，“红军所以艰难奋战而不溃散，‘支部建在连上’是一个重要原因”[3]。在边探索边总结的革命实践当中，党与军队的关系在毛泽东的思维里更加清晰明朗起来。1938 年 11 月 6 日，毛泽东强调了“党指挥枪，而绝不容许枪指挥党”[4]的坚定原则，党与军队之间领导

---

〔1〕《马克思恩格斯全集》第 7 卷，人民出版社 1959 年版，第 289 页。
〔2〕《毛泽东年谱（1893—1949）》（上），中央文献出版社 2013 年版，第 206 页。
〔3〕《毛泽东选集》第 1 卷，人民出版社 1991 年版，第 65—66 页。
〔4〕《毛泽东选集》第 2 卷，人民出版社 1991 年版，第 547 页。

与被领导的关系进一步被确定下来。在此后的全面抗日战争和解放战争中，坚持党对军队的绝对领导这一真理性认识得到了实践的反复检验。在新中国成立当天，毛泽东于《中华人民共和国中央人民政府公告》中，高度评价了人民解放军对于新生人民政权的伟大贡献，指出如果没有人民军队，就没有解放战争的胜利；同时他也充分肯定了党对人民军队绝对领导权的重要性，指出没有党对人民军队的绝对领导，就没有新中国。[1]

二、发挥军队在国防和生产中的双重作用，为国家治理提供强劲发展动力

恢复和发展生产，是历经百年战乱后的中国需要迫切解决的重大问题。毛泽东根据党面临的主要矛盾的变化，适时调整军队任务，创造性地提出了发挥军队在国防和生产中双重作用的论断，促进了新中国经济社会的发展和军队功能的多样化，丰富和发展了马克思主义国家学说和军队理论。

（一）“人民解放军永远是一个战斗队”，坚守军队在国防中的作用

在国防和军队问题上，毛泽东始终坚持“人民解放军永远是一个战斗队”[2]的指导思想，全面深入地考量了新中国成立初期我国在国际、国内面临的客观形势，分析了人民解放军之所以永远是一个战斗队的必要性，为国家的安全与稳定付出了艰辛的努力。

解放战争结束后，党的军事工作重心发生了历史性变化，即从夺取政权转变为保卫政权。但国内外的严峻形势使人民军队还面临着诸多挑战和威胁。在国际方面，美帝国主义的侵略和挑衅是之所以保持

〔1〕 参见《毛泽东文集》第6卷，人民出版社1999年版，第1页。
〔2〕《毛泽东选集》第4卷，人民出版社1991年版，第1426页。

人民解放军战斗队作用的重要原因之一。西方资本主义国家对东方新生的无产阶级政权采取了敌视态度，除在非军事领域给中国制造各种困难外，还在军事领域对中国进行挟制打击。1950 年 6 月 27 日，美国对新中国统一台湾的行动采取了强硬的干预措施，其驻太平洋第七舰队侵入中国台湾海峡；次日，美国非法纠集的“联合国军”，武装干涉朝鲜内战，使新中国面临唇亡齿寒的危急状态。据统计，“仅 1951 年至 1953 年间，美国军用飞机侵犯我国领空就达 32126 架次”[1]，对新中国的安全造成严重威胁。针对美帝国主义的恶劣行径，毛泽东认为，只有自身强大，才能不畏强权。因此，加强军队的国防功能，随时应对敌对势力的挑衅，是强军强国的必要之举。此外，在中国边境地带，印度派遣军队越过中印传统边界，强行侵占我国 9 万多平方公里的领土，并于 1954 年在上述非法侵占的中国领土之上成立所谓的“东北边境特区”，直属印度中央政府，严重侵犯了我国的领土主权，造成了极其恶劣的国际影响。

对于新中国面临的错综复杂的国际局势，毛泽东有着清醒的认识。他多次指出帝国主义势力层层包围中国的事实，并告诫大家要在精神上和物质上都做好随时应战的准备，避免措手不及以致被动挨打[2]。在这一对世界局势尤其是对我国周边局势进行分析判断的基础上，心怀忧患意识、保持思想警惕、注重提高军队实战能力的思想，不仅对巩固新生中国起到了极大作用，且对新时代党的国防与军队建设亦有着重要启示。在国内方面，肃清国民党军队的后期作战和大规模的剿匪斗争都需要保持人民解放军的战斗队作用。新中国成立时，国民党正规军虽大部已被歼灭，但中国的西南、西北、华东地区以及部分岛

---

〔1〕《毛泽东军事文选》第 6 卷，中央文献出版社 1993 年版，第 458 页。

〔2〕 参见《毛泽东文集》第 6 卷，人民出版社 1999 年版，第 392 页。

屿还残留着上百万的国民党军队在负隅顽抗，意欲卷土重来。彻底肃清国民党军队残余、解放中国全境，必须保持人民解放军的战斗队作用。人民解放军先后发动了衡宝、漳厦、西昌以及海南岛等战役，解放了湘西南地区、福建全省、滇南和海南岛及其附近岛屿。除消灭国民党军队外，新生人民政权还面临着大规模的剿匪斗争任务。不甘心失败的国民党，把大批特务及正规军遣散为匪，这些匪徒与旧官僚、反动会道门头子、地痞流氓相互勾结，形成了对新中国政权产生严重威胁的反革命势力。这些反革命势力在大陆发动武装暴乱和破坏活动，攻陷、占领百余个县城，甚至建立伪政权，企图配合国民党反攻大陆，破坏人民革命的胜利果实。针对上述情况，毛泽东要求彻底消灭继续顽抗的匪特武装力量，体现了毛泽东大力剿匪的决心和对人民解放军战斗队作用的高度重视。只有保持人民解放军的战斗队作用，才能巩固新中国的政权，才能为接下来大规模建设发展提供稳定安全的环境。

（二）“人民解放军又是一个工作队”，发挥军队在生产中的作用

自鸦片战争以来，中国经受了 100 多年的战乱，生产力的发展受到了严重阻滞。新中国成立后，中国人民终于迎来了一个相对和平安定的宝贵时期，抓住发展机遇，努力促进生产，是时代和人民的呼唤。毛泽东在把握时代趋势、顺应人民要求的基础上，于 1949 年 3 月提出了“人民解放军又是一个工作队”〔1〕的论断，全面阐释了人民解放军成为工作队的可能性，为新中国成立后人民军队功能多样化和国家稳定、经济发展作出了卓著贡献。

首先，“严重的战争时期已经过去了”，人民军队有精力腾出时间

〔1〕《毛泽东选集》第 4 卷，人民出版社 1991 年版，第 1426 页。

来搞生产。1949 年 2 月 8 日，毛泽东在对解放战争形势进行科学分析的基础上预测出了“像淮海战役那样大规模作战的可能性就不多了，或者简直可以说是没有了”〔1〕。同年 12 月 5 日，毛泽东在新中国成立之后的新形势下，考虑到国家治理过程中面临的恢复生产、休养生息等客观需要，又创造性地提出：“人民解放军除了担负保卫国防、肃清土匪、巩固治安、加强训练等项任务之外，已有余裕时间参加生产建设工作。”〔2〕因此，人民军队在担负好国防任务的同时，可以根据实际情况相应承担一定的生产任务，这对于促进生产力的恢复发展是有利的。其次，新中国成立后的生产建设，需要人民军队成为生产队。长期的战乱“给了人民以严重的灾害，给了经济以严重的破坏”〔3〕，恢复发展生产、医治战争创伤、解决财政收支不平衡等问题，是党在国家治理过程中面临的重要任务和现实难题。因此，党需要积极发挥人民群众的作用，使其在中央人民政府的领导下，逐步地恢复发展生产。但人民解放军在这一特殊历史时刻，也“应当负担一部分生产任务，使我人民解放军不仅是一支国防军，而且是一支生产军，借以协同全国人民克服长期战争所遗留下来的困难，加速新民主主义的经济建设”〔4〕。毛泽东的这一思想，是在大的战争任务基本结束、新的生产任务亟待完成的特定时代条件下提出的，充分地考虑了中国的具体实际，是马克思主义理论中国化的体现。最后，部队的兵源允许军队成为生产队。毛泽东分析了军队的士兵来源，回顾了军队的发展历程，展望了军队成为生产队的美好前景。中国共产党领导下的人民军队，大多数乃至

〔1〕《毛泽东选集》第 4 卷，人民出版社 1991 年版，第 1406 页。
〔2〕《毛泽东文集》第 6 卷，人民出版社 1999 年版，第 28 页。
〔3〕《毛泽东文集》第 6 卷，人民出版社 1999 年版，第 27 页。
〔4〕《毛泽东文集》第 6 卷，人民出版社 1999 年版，第 27 页。

绝大多数都来自劳动人民中间，本身就掌握着各种生产技能，在长期的革命斗争中，有着担任生产任务的优良传统与宝贵经验，加之党的长期教育，思想政治觉悟普遍较高，具备成为生产队的过硬素质。而军队成为生产队之后，既能创造物质财富、促进生产发展，亦能有效改善军队生活质量、减少政府财政负担，还能密切官兵关系、军民关系。军队参与到国家生产建设中去，让人民解放军成为工作队，是毛泽东立足于新中国现实情况做出的正确选择，是对国家治理思想与国防军队思想的丰富和发展。

三、加强国防和军队的现代化建设，为国家治理提供长期安全环境

军队是国家机器的主要组成部分。没有人民军队，就没有人民的一切，只有与时俱进地推进国防和军队的现代化建设，才能促进我国军事发展，为党的国家治理提供长期安全的有效支撑。新中国成立后，毛泽东一再强调要加强国防和军队建设的现代化，为发展现代化的武器装备、构建正规化的管理体制、发展科学化的军事教育作出了巨大贡献。

（一）发展现代化的武器装备

现代化的武器装备是应对现代化战争的必要条件。第二次世界大战结束后，第三次科技革命兴起。新的科学技术加速了新的武器装备的升级换代。毛泽东以其长期领导革命战争的经验和对世界军事发展的科学把握，充分意识到现代化武器装备对中国国防和军队建设发展的重要性，并多次就该问题做出重要指示，对新中国国防和军队建设产生了积极作用，也为其后乃至新时代党的国防和军队建设产生了深远影响。

新中国刚成立时，中国军队的武器装备总体而言还比较落后。世界军事科技的进步，倒逼着新中国以积极的姿态加快现代化武器装备的更新。在抗美援朝作战中，美军武器装备明显优越于我军。在直观的对比中，中国军队武器装备的现代化问题显得尤为迫切。针对这一客观情况，毛泽东进行了深思并采取了实际行动。1951 年 6 月 1 日，毛泽东致信中国人民志愿军司令员兼政治委员彭德怀，在客观对比中美军队武器装备的基础上，坚定地指出："我军必须增强反坦克武器，足以征服敌人的大量坦克，才能阻止敌人坦克的猖獗和大量歼灭敌人的步兵。"〔1〕

时代的发展推动着认知的前进，在日新月异的革命建设实践中，毛泽东进一步深化了对于现代化武器装备重要性的认识，并以其宽阔的国际视野，与时俱进地寻求多元路径来促进新中国武器装备的更新和作战水平的提升，为国家安全和人民福祉提供强大保障，彻底扭转旧中国备受列强欺凌侵略的被动局面。1953 年 1 月 7 日，毛泽东在给解放军总高级步兵学校的训词中，详细分析了当时我军武器装备的现状及其与世界先进国家的差距，深刻阐释了掌握最新武器装备最新战略战术的迫切性，并客观指出了学习苏联军事科学的必要性，要求"我们必须向苏联军事科学学习，以便迅速把我军提高到足以在现代化的战争中取胜的水平"〔2〕。现代化武器装备的实现，还需要有效的科学技术支撑。为此，毛泽东还以陆军、空军和海军不同军种的具体情况做出具体分析，强调机械化装备必须依赖于高端先进的专业技术支撑〔3〕。毛泽东对科学技术与军事装备之间密切关系的深入分析，为建设现代化国防指明了发展路径，也促进了我国军事科技的飞跃与提升，

〔1〕《毛泽东军事文选》第 6 卷，中央文献出版社 1993 年版，第 286 页。
〔2〕《毛泽东军事文选》第 6 卷，中央文献出版社 1993 年版，第 337 页。
〔3〕《毛泽东军事文选》第 6 卷，中央文献出版社 1993 年版，第 351 页。

为其后我国国防和军队现代化打下了坚实的基础。1956 年 4 月 25 日，总结新中国建设经验、探索新中国建设道路的伟大理论成果《论十大关系》，对我国军事发展前景做出了科学大胆的预测："我们现在已经比过去强，以后还要比现在强，不但要有更多的飞机和大炮，而且还要有原子弹。"[1] 毛泽东从维护国家安全的视角强调了要不断发展军事科学技术，在这一思想的指导下，中国人民解放军的武器装备很快得到了有效提高。自 1949 年至 1956 年，我国军事工业发展迅速，建立了自己的坦克研究机构和工厂，自行研制了第一架飞机"初教 -5"，原子武器的研究也被提上日程，我国的国防尖端技术、防御武器等得到质的提升，国防和军队的武器装备迈上了大的台阶，为国家的安全与稳定夯实了根基。

（二）构建正规化的管理体制

正规化的管理体制直接影响到军队的整体战斗力。新中国成立前，由于革命战争发展的不平衡性、地区客观环境的差异性和生存环境的严酷性等原因，我军的管理体制在一定程度上还存在着分散、落后等不足之处。新中国成立后，毛泽东基于国防和军队现代化发展的需要，对构建正规化的管理体制采取了新举措。

毛泽东在推进国防和军队管理体制建设方面做出了一系列努力。他科学认识到当时已是建军的高级阶段，推进军队管理体制正规化建设，已成为现实所需、形势所趋。战争年代遗留下来的部分不集中、不统一的纪律不严状态和游击习气，需要得到彻底扭转和改变。1952 年 7 月 10 日，毛泽东在给军事学院第一期毕业学员的训词中指出："与现代化装备相适应的，就是要求部队建设的正规化，就是要求实行统

[1]《毛泽东文集》第 7 卷，人民出版社 1999 年版，第 27 页。

一的指挥、统一的制度、统一的编制、统一的纪律、统一的训练。”[1]严格统一的管理体制，有利于提升军队的战斗力，也有利于提高诸多兵种的协同作战能力，从而更加适应新的时代形势下的战争需要。因此，正规化管理体制是“建设正规化、现代化的国防部队所不可缺少的重要的条件之一”[2]。基于这一重要认识，在毛泽东和中央军委的领导下，全军就军队管理的正规化采取了多项措施。首先，颁布了一系列诸如《内务条令》《纪律条令》《队列条令》等新制度，逐步健全完善了军队的管理体制，使得军队有令可依、有令必依，大大提高了军队的组织性、纪律性。其次，改革了一部分不合理的旧制度，以义务兵役制代替了志愿兵役制，以薪金制代替了供给制，积极主动地根据形势的变化调适军队的政策，为军队的发展提供了更大的空间、带来了更新的动力。再次，引进了不少适合我军具体情况的苏联军队优秀条例，为军队建设注入新血液。当时的苏联军队战斗力强大，这离不开其相对先进有效的管理体制。有比较、有辨别地学习苏联，对于促进新中国成立初期我国国防和军队管理体制建设有一定的积极作用。此外，对于后勤保障体制，毛泽东也给予了高度重视。在毛泽东看来，“组织良好的后方勤务工作有极其重大的意义”，因此，“任何轻视后勤工作、以为后勤工作不是重要的专门的科学、不需要有系统的学习、不需要精通业务的观点是完全错误的”[3]。这一对后方勤务工作的肯定和对少数人轻视后勤工作、没有对后勤工作给予正确评价的否定，对于健全和完善新中国后勤保障体制有着重要的指导作用。全军更进一步明确了后勤保障体制在军队正规化管理体制中的重要地位，加强了

〔1〕《毛泽东文集》第6卷，人民出版社1999年版，第234页。
〔2〕《毛泽东文集》第6卷，人民出版社1999年版，第235页。
〔3〕《毛泽东军事文选》第6卷，中央文献出版社1993年版，第339页。

作战物资的生产储备，提高了军械车船的运输能力，建立了野战救治的医疗体系，为推动我军现代化、正规化建设起到了积极作用。

（三）发展科学化的军事教育

科学化的军事教育是军队可持续发展的重要因素。透过长期革命战争的历史事实，毛泽东充分认识到“人”在战斗力上的重要决定作用，新中国成立后，毛泽东高度重视军事人才的培养，并以实践行动发展了新中国的军事教育。

由于诸多客观原因，新中国刚成立时，军队指战员的文化水平总体不高。为更好适应时代发展、更好建设社会主义国家，积极有效地提高全体指挥员、战斗员的文化科学与技术水平，是新中国国防和军队建设的必要之举。基于这一客观情况，1950 年 8 月 1 日，毛泽东在《军委关于在军队中实施文化教育的指示》中，实事求是地分析了我军指战员的文化水平，有针对性地要求全军在执行常规性的作战、生产任务之外，还要加强文化学习，切实提高文化素养。〔1〕人才是国防和军队建设发展中的核心力量，毛泽东对此早有认识。随着形势的发展，毛泽东更加意识到：“今天我们迫切需要的，就是要有大批能够掌握和驾驭技术的人，并使我们的技术能够得到不断的改善和进步。”〔2〕这一彰显毛泽东长远战略眼光的论断，揭示了“人”对于军事科技的统领作用，强调了军事人才对于国防和军队建设的关键作用。新中国改建、新建了包括各兵种的一大批军事院校，“到 1957 年，全军创办了 165 所正规院校，基本形成了初、中、高衔接，军兵种齐全的比较完整的正规化军校教育体系”〔3〕。军事院校的建立，是为了培养更多更好的军

〔1〕《毛泽东军事文选》第 6 卷，中央文献出版社 1993 年版，第 86 页。
〔2〕《毛泽东军事文选》第 6 卷，中央文献出版社 1993 年版，第 351 页。
〔3〕 薛连璧、张振华主编：《中国军事教育史》，国防大学出版社 1991 年版，第 351 页。

事人才，这就离不开军事院校的学员培养工作和教员队伍建设。在学员培养方面，毛泽东指出："一切文化学校均应建立正规与合理的考试、分级、编班、升级、留级、毕业及发文凭等项制度，制定各种必需的条例规则，确立学生的自觉纪律，规定教员的责任。"[1] 1954 年 3 月，中央军委还组成了对军事学院、军事工程学院等军事院校毕业生进行考核的国家考试委员会，严格确保学员培养的质量。在教员队伍建设方面，1954 年 10 月 18 日，毛泽东在《国防委员会第一次会议上的讲话》中指出"办学校要有教授，要团结他们，没有他们是不行的"[2]，强调了德才兼备教员队伍的不可或缺性。此外，在毛泽东的直接选调下，刘伯承、罗荣桓、陈赓等一批久经考验、战功卓著的高级将领成为军事院校的领导人，彰显出毛泽东对科学化军事教育的高度重视。而毛泽东对于科学化军事教育的实践探索和理论贡献，既在客观上培养了大量军事科技人员，促进了军事人才梯队的形成，为其后我国国防和军队建设注入了新鲜的血液；又在思想上促进了党的国防和军队建设理论的发展成熟，促进了马克思主义军队理论的中国化，为新时代中国特色社会主义强军之路打下了思想根基。

以毛泽东同志为核心的党的第一代中央领导集体从国家治理的战略大局出发，始终坚持党对军队的绝对领导，充分发挥军队在国防和生产中的双重作用，不断推进国防和军队的现代化建设，为国家的安全与稳定作出了重大贡献。基于国家治理的视角，学习和研究毛泽东的国防和军队建设思想，对于新时代全面推进国防和军队现代化、推进国家治理体系和治理能力的现代化具有重大的理论意义和现实意义。

---

〔1〕《毛泽东军事文选》第 6 卷，中央文献出版社 1993 年版，第 88 页。

〔2〕《毛泽东军事文选》第 6 卷，中央文献出版社 1993 年版，第 361 页。

毛泽东个性特征与新中国治国理政实践探析*

个性是人们独特的、稳定的、习惯性的行为模式或倾向。人的个性影响甚至决定了其行为，而政治家的个性则会映射到其政治行为和领导方略当中。毛泽东的个性特征鲜明，勇于斗争的同时心怀温热柔软、志存高远的同时不忘脚踏实地、海纳百川的同时坚持中国特色等。分析毛泽东上述个性特征的缘起生成及其对毛泽东治国理政思想的影响和新中国成立后治国理政实践活动的影响，可以进一步深化对于毛泽东治国理政思想的认知和研究。

一、勇于斗争的同时心怀温热柔软

（一）毛泽东是个勇于斗争的强人

1893 年冬天，毛泽东出生于湘楚大地的湖南韶山。在这个新旧交替、动荡不安的年代里，一位伟人正在悄然成长。刚烈强悍的湖湘

---

* 本文系国家哲学社会科学基金青年项目“毛泽东构建新民主主义革命话语的历史经验和现实启示研究”（18CKS010）的阶段性成果，曾发表于《毛泽东研究》2019 年第 1 期。

文化，塑造了毛泽东勇于斗争、坚韧不拔的性格。自小成长于湖南的毛泽东曾言："湖南人素来有点勇气，驱张驱傅驱汤，就是最近的证据。"[1]毛泽东的父亲毛顺生，"精力充沛、性子暴烈"[2]，影响了青少年时期毛泽东个性特征的形成，甚至在某种程度上，"毛继承了他父亲那倔强的个性"[3]。在底蕴深厚的湖湘文化熏陶下，在与各种恶劣环境和反动势力的抗争中，毛泽东勇往直前、百折不挠的个性得到了进一步的成长。英国学者迪克·威尔逊在他的著作中曾指出，毛泽东"一生波澜壮阔，不断从打击中站起，并且这些打击似乎没有给他留下创伤"[4]。青年毛泽东曾在日记中写道，"与天奋斗，其乐无穷；与地奋斗，其乐无穷；与人奋斗，其乐无穷"[5]。在毛泽东看来，"斗"是乐趣、是正义、是进步。在革命时期，毛泽东面对来势汹汹的日本侵略者，没有丝毫畏惧，慷慨激昂地喊出："伟大的中华民族的子孙是誓不投降，誓不屈服的！我们要为大中华民族的独立解放奋斗到最后一滴血！"[6]这一发自肺腑的呐喊，显示出了其绝不服输、与敌人血战到底的勇于斗争的个性。

新中国成立后，毛泽东勇于斗争的个性直接影响其治国理政的实践。面对新生的中华人民共和国，美帝国主义表现出了明显的敌对态

---

〔1〕 中共中央文献研究室、中共湖南省委《毛泽东早期文稿》编辑组编：《毛泽东早期文稿》，湖南人民出版社 2013 年版，第 622 页。

〔2〕［英］迪克·威尔逊：《毛泽东传》，中共中央文献研究室《国外研究毛泽东思想资料选辑》编辑组编译，国际文化出版公司 2011 年版，第 2 页。

〔3〕［英］迪克·威尔逊：《毛泽东传》，中共中央文献研究室《国外研究毛泽东思想资料选辑》编辑组编译，国际文化出版公司 2011 年版，第 3 页。

〔4〕［英］迪克·威尔逊：《毛泽东传》，中共中央文献研究室《国外研究毛泽东思想资料选辑》编辑组编译，国际文化出版公司 2011 年版，第 2 页。

〔5〕 中共中央文献研究室编，逄先知、金冲及主编：《毛泽东传》（一），中央文献出版社 2011 年版，第 35—36 页。

〔6〕《毛泽东文集》第 1 卷，人民出版社 1993 年版，第 433 页。

度，并对新中国各项事业进行了打压和制裁。新中国成立前，毛泽东在谋划新中国治国理政方略时，就豪迈指出："中国民族是一个能战斗的民族，俄罗斯人在十月革命以来所创造的战胜帝国主义与国内反动派的伟绩，中国人亦能创造出来。今后数年的时间必能证明这一点。"〔1〕事实证明，中国人做到了。在美国侵略朝鲜、危及中国安全的关键时刻，毛泽东作出了抗美援朝、保家卫国的历史性决策。在分析朝鲜战局和中国方针时，毛泽东坚定指出："中华民族就是这样一个坚决战斗的民族。虽然在我们的斗争过程中，有时曾遇到一些困难，但是我们不是靠观音菩萨来救命，而是靠自己的双手去克服困难。"〔2〕最终，我们取得了抗美援朝的胜利，打败了美军不可战胜的神话，大大提高了中国在世界的地位和话语权。在新中国建设当中，苏联给予了我们巨大帮助，但在一定程度上，苏联也在推行其大国强权主义。毛泽东从治国理政的大局出发，巧妙地争取了苏联的援助，但在原则问题上，又始终坚持住了应有的底线。1956 年 9 月 24 日，毛泽东在《吸取历史教训，反对大国沙文主义》的讲话中，严厉控诉了苏联对中国的强权，坚决反对"父子党"，提倡"兄弟党"，在斗争中维护和平正义，在斗争中建构独立自主的不受制于任何强权的新国家。同时，毛泽东还以勇于突破的创新精神，一直致力于革新对中国发展逐渐暴露不利影响的苏联模式，在实践探索中不断改革旧体制，为中国的改革开放积累了丰富经验。

（二）毛泽东也是个温热柔软的善人

成长于苦难年代的毛泽东，自幼心怀同情。在半殖民地半封建社会，毛泽东目睹了中国社会的衰败和凄凉。那些中国最底层人民颠沛

〔1〕《毛泽东文集》第 4 卷，人民出版社 1996 年版，第 316 页。
〔2〕《毛泽东文集》第 6 卷，人民出版社 1999 年版，第 92 页。

流离、挣扎生存的画面，不断撞击着毛泽东年轻的心灵，刺激着毛泽东内心温热柔软的一面。而母亲的言传身教，又给了毛泽东关于善良和爱的最初启蒙。毛泽东的母亲文七妹，是中国传统社会里一位典型的质朴善良的女性，她“为人慷慨厚道，随时都愿意接济别人”〔1〕，这一乐善好施的中国人民淳朴善良的一面，深深影响了毛泽东。同时，宽厚随和的母亲亦十分疼爱毛泽东，“毛夫人娇宠了她的长子，泽东也终身深爱母亲。幼时的泽东是家中唯一的小孩，母亲在他身上倾注了全部的爱”〔2〕。这种关于爱的启蒙和传承，进一步丰满了毛泽东温热柔软的人格特征。丰富的阅读，使得毛泽东对人民群众的同情更为深刻。在其阅读的众多古典小说中，毛泽东发现，大多数的主人公都是勇士或文人学者，因为这些人占有着土地，而被控制的人民的境遇则是悲苦不堪，因此，毛泽东“下决心要寻找一条解救穷苦农民的道路”〔3〕。这一同情弱者的情怀，在毛泽东的青少年时期，甚至加剧了其与父亲毛顺生之间的家庭对抗。而曲折的人生经历，也使得毛泽东更能体会并珍惜人性大爱的可贵。为了中国人民的解放和中华民族的崛起，毛泽东先后经历了多位亲人的牺牲离世。这些伤痛给毛泽东带来了沉重打击，使其在人生的多个阶段都遭受着巨大的精神痛苦。坚韧强大的革命领袖，其内心亦有饱含深情、柔软脆弱的一面，正是这心底最深沉的爱，给了毛泽东出生入死、无惧无畏为人民闹革命、为人民谋幸福的最原始、最强大的勇气和力量。

新中国成立后，毛泽东始终不忘初心，确立了全心全意为人民服

---

〔1〕《毛泽东自述》，人民出版社 1993 年版，第 6 页。

〔2〕[美]罗斯·特里尔：《毛泽东传》，何宇光、刘加英译，中国人民大学出版社 2010 年版，第 9 页。

〔3〕 郑以灵：《毛泽东农民观透视》，厦门大学出版社 1999 年版，第 303 页。

务这一治国理政的重要价值旨归，这与其对人民群众深沉深刻的爱是分不开的。新中国成立后，为保障人民群众的根本利益，在政治上，以毛泽东同志为核心的党的第一代中央领导集体确立了人民民主专政的国体和人民代表大会制度的政体，使在旧社会备受奴役和压迫的人民群众，彻底翻身，成为国家的主人；在经济上，毛泽东领导中国人民恢复和发展了国民经济，通过“一化三改”、“一五”计划等，大大提高了国民经济生产总值，丰富了我国的物质产品，显著提高了人民群众的生活水平；在文化上，毛泽东明确提出文艺为工农兵服务的方针，强调文艺工作者必须到群众中为人民服务，并大力发展教育，提高了中国国民的文化素质。其中，在广大人民群众要求较为迫切的经济领域，毛泽东基于新中国成立初期这一特殊历史时期的形势，要求“我们的重点必须放在发展生产上，但发展生产和改善人民生活二者必须兼顾”〔1〕，合理处理好生产和消费的关系；要求“合作社的积累和社员收入的比例，也要注意”〔2〕，正确处理好消费和积累的关系；要求“在分配问题上，我们必须兼顾国家利益、集体利益和个人利益”〔3〕，妥善处理好国家、集体和个人的关系。上述治国理政中的具体政策与毛泽东一直以来对人民深沉的“爱”紧密相关。在新中国凯歌行进建设发展中，这位伟大的人民领袖仍会为革命年代牺牲的先烈感到心酸和伤痛。在会见外宾的谈话中，毛泽东曾感叹：“建立新中国死了多少人？有谁认真想过？我是想过这个问题的。”〔4〕奠基着先烈身躯和鲜血

〔1〕《毛泽东著作专题摘编》(上)，中央文献出版社 2003 年版，第 988 页。

〔2〕《毛泽东文集》第 7 卷，人民出版社 1999 年版，第 200 页。

〔3〕《毛泽东文集》第 7 卷，人民出版社 1999 年版，第 221 页。

〔4〕 中共中央文献研究室编，逄先知、金冲及主编:《毛泽东传 (1949—1976)》(下)，中央文献出版社 2003 年版，第 1390 页。

建立起来的人民政权，只有始终全心全意为人民服务，才能真正做到不忘初心、执政为民。

二、志存高远的同时不忘脚踏实地

（一）毛泽东是个志存高远的有理想的人

毛泽东胸怀壮志，幼年时就曾发出“我要做掀天揭地的人”[1]的豪情壮语，立志于改变中国改变世界。1910 年，毛泽东在离家去往湘乡县立东山高等小学堂读书前，作出“孩儿立志出乡关，学不成名誓不还，埋骨何须桑梓地，人生无处不青山”[2]的诗句。简短几句，却雄壮地表达了其志在四方、成就大业的宏大抱负。在长沙湖南第一师范学院时，毛泽东更是抒发了“指点江山，激扬文字，粪土当年万户侯”[3]的凌云壮志。1936 年 2 月，毛泽东在《沁园春·雪》中，激扬豪迈地吟诵：“惜秦皇汉武，略输文采；唐宗宋祖，稍逊风骚。一代天骄，成吉思汗，只识弯弓射大雕”“俱往矣，数风流人物，还看今朝”。[4]毛泽东对国治邦安、民族振兴的信仰和执着，激励着他在艰苦卓绝的环境里开拓进取、勇往直前。习近平在纪念毛泽东同志诞辰 120 周年的讲话中指出：“毛泽东同志在青年时期就立下拯救民族于危难的远大志向。”[5]他憧憬着中华民族的伟大崛起，其终生不懈的奋斗，就是“为了使国家复兴”。此外，毛泽东还以其高瞻远瞩的大视野致力于全人类的发展进步。在其青年时代，毛泽东和他的朋友就开始讨论“人的天

---

〔1〕 毛岸青、邵华：《我们爱韶山的红杜鹃》，中央文献出版社 1998 年版，第 92 页。

〔2〕《毛泽东年谱（1893—1949）》（上），中央文献出版社 1993 年版，第 8 页。

〔3〕《毛泽东诗词选》，人民文学出版社 1986 年版，第 7 页。

〔4〕《毛泽东诗词选》，人民文学出版社 1986 年版，第 61 页。

〔5〕 习近平：《在纪念毛泽东同志诞辰 120 周年座谈上的讲话》，人民出版社 2013 年版，第 3 页。

性，人类社会，中国，世界，宇宙”[1]。在毛泽东看来，自由解放的新中国是“未来光明世界中一个极重要的组成部分。这样的一个中国，不但将造福于四万万五千万中国人，而且将造福于全人类”[2]。“中国应当对于人类有较大的贡献”[3]，是毛泽东治国理政实践的题中应有之义，体现出了中国国家治理思想中的全球担当和对人类命运共同体的高度关怀。

1949 年 6 月 15 日，在新政治协商会议筹备会上，毛泽东豪迈预言：“中国人民将会看见，中国的命运一经操在人民自己的手里，中国就将如太阳升起在东方那样，以自己的辉煌的光焰普照大地，迅速地荡涤反动政府留下来的污泥浊水，治好战争的创伤，建设起一个崭新的强盛的名副其实的人民共和国。”[4]在毛泽东的领导下，新中国在稳定政权、恢复经济、发展文化的同时，开展了独立自主的和平外交，并在抗美援朝、援越抗法的战争中维护了世界的和平正义，在日内瓦会议、万隆会议上展现了新中国的外交主张，提升了新中国在国际事务中的话语权，真正实现了毛泽东在青年时期对中国摆脱民族危机、重立世界之林的美好期许。在新的历史起点上，志存高远的毛泽东对新中国有了进一步规划。首先，3 年实现国民经济好转。1950 年 6 月，毛泽东在党的七届三中全会上提出用 3 年或者更长时间争取国家财政经济状况的根本好转。1951 年初，毛泽东再次提出“三年准备十年建设”思想[5]。其次，15 年实现向社会主义过渡。1952 年 9 月 24 日，毛泽东第一次谈向社会主义过渡的问题，他说：“10 年以后会怎

〔1〕［美］埃德加·斯诺：《西行漫记》，董乐山译，东方出版社 2005 年版，第 138 页。
〔2〕《毛泽东著作专题摘编》（上），中央文献出版社 2003 年版，第 712 页。
〔3〕《毛泽东文集》第 7 卷，人民出版社 1999 年版，第 157 页。
〔4〕《毛泽东选集》第 4 卷，人民出版社 1991 年版，第 1467 页。
〔5〕《建国以来毛泽东文稿》第 4 册，中央文献出版社 2023 年版，第 269 页。

么样，15年以后又怎么样，要想一想。”[1]在当时的情势下，毛泽东根据中国的客观实际和形势发展的必然趋势，提出了向社会主义过渡的伟大计划。再次，20年实现工业化。1951年12月，毛泽东提出“从一九五三年起，我们就要进入大规模经济建设了，准备以二十年时间完成中国的工业化”[2]。此外，毛泽东还提出了50年建成社会主义的宏大规划。“在我们这样一个大国里面，情况是复杂的，国民经济原来又很落后，要建成社会主义社会，并不是轻而易举的事。……就需要有几十年的艰苦努力，比如说，要有五十年的时间，即本世纪的整个下半世纪。”[3]在这些壮阔宏大的近期计划和远景规划指导下，1952年底，我国基本实现了国民经济的恢复，为有计划地进行经济建设准备了条件；1956年底，我国顺利完成三大改造，完成由新民主主义向社会主义的平稳过渡。

（二）毛泽东也是个脚踏实地的务实者

出生于19世纪末农民家庭的毛泽东，骨子里深嵌着中国人民勤恳踏实的优良传统。从小受教于传统私塾的同时，毛泽东还要从事农业劳动。6岁时，“毛的父亲开始要他放牛，干农活”[4]，直到13岁去韶山的小学堂念书前，毛泽东一直做着农活，“早晚我到地里干活。白天我读孔子的《论语》和《四书》”[5]。身体力行的农业劳动，有利于毛泽东脚踏实地思想个性的形成，为其以后关注现实、投身现实、思考现实和变革现实提供了重要基础。在湖南第一师范学院学习时，以

---

〔1〕 薄一波：《若干重大决策与历史事件的回顾》（上），中共中央党校出版社1991年版，第151页。

〔2〕《毛泽东文集》第6卷，人民出版社1999年版，第207页。

〔3〕《毛泽东文集》第6卷，人民出版社1999年版，第390页。

〔4〕［英］迪克·威尔逊：《毛泽东传》，国际文化出版公司2011年版，第7页。

〔5〕［美］埃德加·斯诺：《西行漫记》，董乐山译，东方出版社2005年版，第120页。

徐特立为代表的湖南第一师范学院教师们务实勤恳的教风和学生们脚踏实地的学风，深深影响了毛泽东的个性成长。这一时期，毛泽东相继和好友萧子升、蔡和森一起，以“汗漫九垓，遍游四宇”的豪迈气概赴多地游学，通过读“无字之书”的社会实践，力求达到知行合一。美国记者埃德加·斯诺曾评价毛泽东虽“个人习惯和外表落拓不羁”，但“对于工作却事无巨细都一丝不苟”[1]。这种脚踏实地的务实作风在革命年代表现得更为明显。1939 年冬，毛泽东在《中国革命和中国共产党》的小册子里指出：“认清中国的国情，乃是认清一切革命问题的基本的根据。”[2]通过对中国社会性质的分析，理性确立中国革命的对象、任务、动力、性质以及前途和转变，为中国的革命发展提供思想指引。1940 年 1 月 9 日，毛泽东在陕甘宁边区文化协会第一次代表大会上，批评了当时“左”倾空谈主义者的“一次革命论”，指出中国革命的第一步是新民主主义，第二步才是社会主义，告诫大家“我们不是空想家，我们不能离开当前的实际条件”[3]。即使在革命即将取得彻底胜利之前，毛泽东仍提醒全党，“中国的革命是伟大的，但革命以后的路程更长，工作更伟大，更艰苦。这一点现在就必须向党内讲明白”[4]，而其提出的“务必使同志们继续地保持谦虚、谨慎、不骄、不躁的作风，务必使同志们继续地保持艰苦奋斗的作风”[5]，则一直警醒着全党要在胜利面前保持清醒头脑，要在夺取全国政权后经受住执政的考验。

〔1〕 黎永泰：《毛泽东与美国》，云南人民出版社 1993 年版，第 629—630 页。
〔2〕《毛泽东选集》第 2 卷，人民出版社 1991 年版，第 633 页。
〔3〕《毛泽东选集》第 2 卷，人民出版社 1991 年版，第 684 页。
〔4〕《毛泽东选集》第 4 卷，人民出版社 1991 年版，第 1438 页。
〔5〕《毛泽东选集》第 4 卷，人民出版社 1991 年版，第 1438—1439 页。

毛泽东在年少时期和革命岁月中形成的脚踏实地、实事求是的秉性，深刻影响到毛泽东治国理政实践的风格。在政治上，新中国成立的当月，毛泽东就发表了《永远保持艰苦奋斗的作风》的讲话，要求在治国理政中，执政党要谦虚谨慎、苦学苦干，为新中国稳健扎实的治国理政作风奠定了基调，为具体的操作实践提供了行动指南。在经济文化上，毛泽东实事求是地考虑新中国一穷二白的现状，要求“克服一切困难，进行大规模的经济建设和文化建设”〔1〕。在社会治理上，毛泽东从新中国的实际和数亿人口的大局出发，无论是粮食问题、灾荒问题还是就业等问题，都要“就当时当地的实际可能条件，同各方面的人协商，作出各种适当的安排”〔2〕，建造一个社会主义新社会。在军事国防上，毛泽东从巩固人民民主专政、保障国家建设的视角出发，要求“谦虚谨慎，耐劳耐苦”〔3〕，并要随着时代的发展时刻不懈怠，“掌握最新的装备和随之而来的最新的战术”〔4〕，建设一支革命化、正规化和现代化的国防军。在外交上，努力珍视一切国际和平因素，在坚持无产阶级的国际主义原则下，“团结全世界一切可以团结的力量”〔5〕，为建设人类的共同家园做出最大努力。

三、海纳百川的同时坚持中国特色

（一）毛泽东有着海纳百川的宽阔胸怀

毛泽东自幼饱读诗书，学贯中西，加之丰富曲折的阅历和马克思

〔1〕《毛泽东文集》第5卷，人民出版社1996年版，第348页。
〔2〕《毛泽东文集》第7卷，人民出版社1999年版，第228页。
〔3〕《毛泽东军事文集》第6卷，军事科学出版社、中央文献出版社1993年版，第83页。
〔4〕《毛泽东军事文集》第6卷，军事科学出版社、中央文献出版社1993年版，第337页。
〔5〕《毛泽东文集》第7卷，人民出版社1999年版，第88页。

主义思想的指导，使之形成了包容、开放的个性特征。毛泽东善于读书。广博的阅读，赋予他广阔的胸怀。“毛泽东于读书世界透露的春光，已成为他的思想智慧和文化个性的组成部分，从一个侧面体现出他的许多思想观点形成和发展的脉络。”〔1〕毛泽东接受了古今中外多种文明的熏陶，他既读中国古代的老子、孔子、朱熹等的书籍，也读中国近代康有为、梁启超、胡适等的著作；既读马克思、恩格斯、列宁等马克思主义经典作家的书，也读河上肇、普列汉诺夫、爱森堡等外国学者的书。浩瀚的书籍开阔了毛泽东的视野，丰富了毛泽东的知识，增加了毛泽东的智慧，对于其形成海纳百川的包容性格有着深刻影响。毛泽东善于思考。深入的思考，使他能够更为科学地认识主客观世界。自幼深入田间地头的农业劳作，读“无字之书”的社会调查，革命经历的实践锤炼，使得毛泽东在读书的同时，亦深刻思考着国家的前途命运。十月革命一声炮响为中国人民送来了马克思主义，这无疑又增加了毛泽东思考的理论武器。毛泽东认为“辩证法的核心是对立统一规律”〔2〕，显示了其对矛盾着的事物的看法。而在其 1937 年 8 月所著的《矛盾论》中，毛泽东则更为深刻地谈道：“事物矛盾的法则，即对立统一的法则，是自然和社会的根本法则，因而也是思维的根本法则。”〔3〕上述论断体现了毛泽东思维的辩证性，这对于其以包容开放的态度对待不同事物有着重要影响。

在新中国毛泽东治国理政的实践当中，这种开阔的见识和辩证的思维得到了有效体现。毛泽东提倡古为今用。历史思维敏锐的毛泽东，深刻洞察到古今中国之间的渊源脉络与承继关系，高度重视历史给予

〔1〕陈晋：《毛泽东阅读史》，生活·读书·新知三联书店 2014 年版，第 17 页。
〔2〕《毛泽东文集》第 8 卷，人民出版社 1999 年版，第 326 页。
〔3〕《毛泽东选集》第 1 卷，人民出版社 1991 年版，第 336 页。

我们的宝贵经验与珍贵智慧。在毛泽东看来，“中国现时的新政治新经济是从古代的旧政治旧经济发展而来，中国现时的新文化也是从古代的旧文化发展而来，因此，我们必须尊重自己的历史，决不能割断历史”〔1〕。毛泽东总结了中国历史上历朝历代对待人民的政策，在新中国的治国理政中坚持了人民当家作主的地位，要求党的领导者能够深入群众，并以汉高帝刘邦熟悉百姓生活、了解民众心理的史实为例，教导党的领导者要真正做到走群众路线，全心全意为人民服务。〔2〕毛泽东借鉴了春秋战国时期的百家争鸣，要求新中国在文化上“百花齐放，百家争鸣”〔3〕。毛泽东继承了林则徐、孙中山等民族英雄的爱国精神，在新中国的外交上坚持独立自主、坚决反对帝国主义。在新中国的各项建设事业方面，毛泽东强调“历史总是要重视的”〔4〕，号召从中华民族的悠久历史中汲取养分，发挥一切聪明才智，为新中国的建设发展作贡献。毛泽东还提倡洋为中用。学习国外的先进之处涉及多个方面，在《论十大关系》中，毛泽东明确指出：“我们的方针是，一切民族、一切国家的长处都要学，政治、经济、科学、技术、文学、艺术的一切真正好的东西都要学。”〔5〕此外，他还对这种学习提出了方法论指导，要求“必须有分析有批判地学，不能盲目地学，不能一切照抄，机械搬用。他们的短处、缺点，当然不要学”〔6〕。正是这种包容开放的胸怀，

〔1〕《毛泽东选集》第2卷，人民出版社1991年版，第708页。

〔2〕《毛泽东读苏联〈政治经济学（教科书）〉谈话记录选载（六）》（一九五九年十二月——一九六〇年二月），《党的文献》1994年第5期。

〔3〕“百家争鸣，是说春秋战国时代，二千年以前那个时候，有许多学派，诸子百家，大家自由争论。现在我们也需要这个。”《毛泽东文艺论集》，中央文献出版社2002年版，第144页。

〔4〕《毛泽东文集》第7卷，人民出版社1999年版，第78页。

〔5〕《毛泽东文集》第7卷，人民出版社1999年版，第41页。

〔6〕《毛泽东文集》第7卷，人民出版社1999年版，第41页。

促进了新中国在博采众长的基础上，利用后发展效应取得了国家建设发展的巨大成就。

（二）毛泽东也有着坚持中国特色的原则立场

毛泽东从小酷爱学习，自幼受到中华优秀传统文化的熏陶。延续几千年的中国传统文化为毛泽东治国理政思想提供了深厚底蕴和坚实基础。在长期耳濡目染的学习当中，毛泽东批判地继承和弘扬了中国传统文化的精华，而其思想也渐渐显露出中国传统文化影响下的鲜明特征。在私塾教育阶段，毛泽东熟读《诗经》《论语》《礼记》等传统蒙学；在湖南第一师范学院求学阶段，又深入研读了《四书集注》《资治通鉴》《曾国藩家书》等著作；在革命期间，毛泽东更是利用一切可以利用的时间研读了《旧唐书》《战国策》《孙子兵法》等传统经典。春秋时期《礼记》名言“修身齐家治国平天下”，是毛泽东在幼年时期熟读熟背的句子，也给了毛泽东对国家治理的最初理解；宋代儒学大家张载的名句“为天地立心，为生民立命，为往圣继绝学，为万世开太平”，给了毛泽东很大触动，曾被毛泽东摘抄至《讲堂录》，以提醒自己要承担起治国安邦的历史责任；清初知识分子顾炎武的“天下兴亡，匹夫有责”，亦一直印刻于毛泽东内心，使其心系国家兴衰。中华民族优秀文化铸就了毛泽东的责任意识和担当情怀，同时，毛泽东也一直坚守中华优秀传统文化的核心价值和内涵精髓。新中国成立之前，毛泽东就曾多次要求“学习我们的历史遗产”[1]，教导大家要形成“新鲜活泼的、为中国老百姓所喜闻乐见的中国作风和中国气派”[2]的思想，这对其后来形成具有中国作风、中国气派的治国理政思想，无疑有着重要影响。

---

〔1〕《毛泽东选集》第 2 卷，人民出版社 1991 年版，第 533 页。
〔2〕《毛泽东选集》第 2 卷，人民出版社 1991 年版，第 534 页。

在治国理政的具体事务上，毛泽东始终不忘中国的根本。1955年3月8日，毛泽东在一次谈话中说道："我们要向先进的国家和民族学习，学习对本民族有用的东西，但不是所有的方面都要学别的民族，而要保持本民族的特点。"[1]这一思想体现了毛泽东在建构外交关系和民族事务中坚守本国特色、民族特色的重要思想。1956年8月24日，毛泽东指出"我们要熟悉外国的东西，读外国书。但是并不等于中国人要完全照外国办法办事，并不等于中国人写东西要像翻译的一样。中国人还是要以自己的东西为主"[2]，强调了中国治国安邦的重要原则。对于我们的指导思想——马克思主义，毛泽东更是积极推进其中国化，要求中国共产党人"学会把马克思列宁主义的理论应用于中国的具体的环境"，因为，"离开中国特点来谈马克思主义，只是抽象的空洞的马克思主义"。[3]因此，美国学者罗斯·特里尔曾指出："毛泽东把马克思主义从它在欧洲体系中拿出来，移植到中国的土壤中，并给它一张中国的出生证。"[4]在毛泽东看来，"中国的面貌，无论是政治、经济、文化，都不应该是旧的，都应该改变，但中国的特点要保存"[5]。尤其是在反思苏联模式的弊端之后，毛泽东更为深刻地认识到"'每一个'国家都'具有自己特别的具体的社会主义建设的形式和方法'"[6]，而不能生搬硬套某一种教条主义的理论和某一国现成的经验。

毛泽东治国理政思想及其实践是基于新中国具体国情基础上形成

[1]《毛泽东西藏工作文选》，中国藏学出版社、中央文献出版社2008年版，第113页。

[2]《毛泽东文集》第7卷，人民出版社1999年版，第77页。

[3]《毛泽东选集》第2卷，人民出版社1991年版，第534页。

[4][美]罗斯·特里尔：《毛泽东传》，何宇光、刘加英译，中国人民大学出版社2010年版，第243页。

[5]《毛泽东文集》第7卷，人民出版社1999年版，第82—83页。

[6]《毛泽东文集》第8卷，人民出版社1999年版，第116页。

的马克思主义中国化的重要成果，是历史发展的必然产物。而毛泽东独特的个性特征与非凡的人格魅力，无疑又使其治国理政实践烙上了鲜明的个性印记，甚至在一定程度上影响了中国政治的走向和进程。

毛泽东治国理政思想的现实启示（1949—1957）*

中华人民共和国成立后，以毛泽东同志为核心的党的第一代中央领导集体在国家治理过程中边探索、边总结，形成了一系列关于内政外交国防、治党治国治军、革命建设发展的理念、思想、战略，即毛泽东治国理政思想。站在时代发展的新起点，以中华人民共和国成立初期这一国家治理成效卓著的时期为对象，回顾和研究毛泽东治国理政思想对新时代党治国理政的现实启示，具有重大的理论意义和现实意义。

一、“我们不应该割断历史”，治国理政既要以历史经验为参照指导现实，又要以现实需要为基点总结历史

在马克思主义唯物史观的指导下，毛泽东以其深邃的历史思维和敏锐的现实洞察力，秉承强烈的问题意识，总结历史，服务现实，合

* 本文系 2014 年度国家社会科学基金项目“中国特色社会主义国际话语权研究”（14BKS112）的阶段性成果，曾发表于《毛泽东邓小平理论研究》2018 年第 3 期，第二作者为中国社会科学院当代中国研究所研究员李正华。

理地将历史和现实结合了起来，为从历史中汲取治国理政的大智慧树立了光辉典范。

（一）以历史经验为参照指导现实

人类历史蕴藏着绚烂多彩的珍贵财富。学识渊博、阅历丰富的毛泽东，不断总结国内、国际正反两方面的经验教训，为其治国理政思想提供了理论积淀。

1. 毛泽东高度重视对于正面历史经验的总结

毛泽东高度重视中华民族悠久文明的伟大作用与深远影响，并从人类社会发展的宏大视野出发，指出："今天的中国是历史的中国的一个发展；我们是马克思主义的历史主义者，我们不应当割断历史。"〔1〕在马克思主义唯物史观的指导下，毛泽东批判继承了中国传统文化，为其治国理政思想奠定了深厚的文化底蕴。毛泽东非常重视中国传统文化内蕴的宝贵经验。在新中国"一化三改造"过程中，针对一些人片面以为学习马克思主义就要彻底抛弃中国传统文化的问题，毛泽东以手工业改造为例，发表了自己的看法："提高工艺美术品的水平和保护民间老艺人的办法很好，赶快搞，要搞快一些。"〔2〕这一指示将新中国手工业发展水平与中国民间艺人代代相传的珍贵经验紧密地联系了起来，"抓紧时间保护民间老艺人"的倡议，体现了毛泽东对大国工匠精神的高度重视。对于新中国文化建设中的音乐工作，毛泽东也表示："要有民族特色，要有自己的特殊风格，独树一帜。"〔3〕上述论断显示出了毛泽东对中华民族独具特色的优秀传统文化的爱护和推崇。对于党的革命经验，毛泽东亦十分珍视。中华人民共和国成立前夕，毛泽东

---

〔1〕《毛泽东选集》第 2 卷，人民出版社 1991 年版，第 534 页。

〔2〕《毛泽东文集》第 7 卷，人民出版社 1999 年版，第 12 页。

〔3〕《毛泽东文集》第 7 卷，人民出版社 1999 年版，第 76—77 页。

对新中国的政治体制建构提出了指导性意见："总结我们的经验，集中到一点，就是工人阶级（经过共产党）领导的以工农联盟为基础的人民民主专政。这个专政必须和国际革命力量团结一致。"[1] 由此可见，新中国人民民主专政的国体是基于中国共产党革命斗争和局部执政的历史经验做出的慎重选择。此后，为总结过往、谋划未来，毛泽东又发表了《论十大关系》和《关于正确处理人民内部矛盾的问题》，在探索与实践中不断积淀与反思，锤炼了党的执政能力，提高了党的执政水平。此外，毛泽东还十分注重对于国际历史经验的总结。随着国民经济的恢复，新中国积极着手实施"一五"计划。"工作很艰苦，经验又不够，因此要学习苏联的先进经验"，[2] 而事实也证明，苏联的有益经验为中华人民共和国成立初期的社会主义建设提供了重要借鉴。对于西方国家的历史经验，毛泽东亦客观认识到"每个民族都有它的长处"，因此，"一切民族、一切国家的长处都要学"，[3]这种包容开放的战略视野也为后来的改革开放提供了有力依据。

2. 毛泽东十分重视对于反面历史教训的反思

毛泽东对待反面历史教训的态度十分理性。他认为："错误和挫折教训了我们，使我们比较地聪明起来了，我们的事情就办得好一些。"[4] 以上论断显示出了毛泽东对待反面历史教训的警醒态度和宽阔胸襟。毛泽东常纵览历史、反观现实。对于辛亥革命，毛泽东曾多次肯定其积极意义，但也客观剖析了其不足之处。1954 年 9 月 14 日，毛泽东在评价辛亥革命时谈道："辛亥革命没有成功，失败了。为什么

---

〔1〕《毛泽东选集》第 4 卷，人民出版社 1991 年版，第 1480 页。
〔2〕《毛泽东文集》第 6 卷，人民出版社 1999 年版，第 263 页。
〔3〕《毛泽东文集》第 7 卷，人民出版社 1999 年版，第 41 页。
〔4〕《毛泽东选集》第 4 卷，人民出版社 1991 年版，第 1480 页。

失败？就是因为孙中山的领导集团犯了错误，有缺点。”〔1〕毛泽东指出了向袁世凯妥协是辛亥革命失败的重要原因之一，并告诫大家要坚决捍卫革命成果，决不能向帝国主义和封建势力无原则让步。对于中国共产党自身犯过的错误，毛泽东也毫不留情地进行了自我批评。在长征问题上，毛泽东于 1954 年 10 月 18 日在国防委员会第一次会议上谈道：“一方面是因为蒋介石打我们，另一方面是因为我们在政治上军事上都犯了错误，才被迫来了个大搬家。”〔2〕毛泽东对中国共产党曾经的政治军事路线也进行了反思，并以此提醒大家要及时进行自我批评，及时纠正错误，以保证党和国家各项事业的顺利开展。毛泽东同样重视国际上的反面教训。对于苏共二十大和斯大林评价问题，毛泽东客观指出苏联在社会主义建设中犯下了“性质严重的错误”，〔3〕并吸取苏联的深刻教训，严肃指出要实事求是地遵循马克思主义的指导，认真对待并尽力避免犯苏联所犯的错误，尽可能避免走社会主义建设中的弯路。

（二）以现实需要为基点总结历史

着眼当下是毛泽东总结历史经验教训的价值旨归。毛泽东立足于新中国治国理政的客观需要，有的放矢地从历史中寻求治国理政的有益启发，从而为新中国的国家治理提供了重要的智慧来源。

1. 保持政治稳定

保持政治稳定是新中国治国理政的重要任务。中华人民共和国成立之初，国内国际还存在着多种影响政治稳定的不利因素。在国内，国民党残余部队的负隅顽抗、土匪特务的大量存在、封建势力的顽固

〔1〕《毛泽东文集》第 6 卷，人民出版社 1999 年版，第 346 页。
〔2〕《毛泽东文集》第 6 卷，人民出版社 1999 年版，第 357 页。
〔3〕《毛泽东文集》第 7 卷，人民出版社 1999 年版，第 20 页。

抵制等都是党面临的现实难题；在国际，以美国为首的西方资本主义阵营对中国共产党建立起来的新政权极为仇视，其采取的敌对政策给新中国造成了极大困扰。面对上述客观问题，毛泽东积极从历史经验教训中汲取营养，以历史观照现实。1952 年 8 月 4 日，毛泽东在全国政协一届常委会上再次谈到辛亥革命失败的原因，其中包括："一、没有分土地；二、不晓得镇压反革命；三、反帝不尖锐。"〔1〕通过对辛亥革命失败原因的剖析，毛泽东论证了新中国开展土地革命、镇压反革命与反对美帝国主义的必要性，体现了历史和现实的统一性。1956 年苏共二十大后，东欧社会主义国家出现了一些不安定状况，为此，毛泽东通过分析上述国家的建设发展道路，及时指出，正是因为苏联及其他社会主义国家没有严格遵守马克思主义的基本原则，所以才出现了诸如波匈事件这些动乱，因此，"我们一定要坚持马克思主义的基本理论"。〔2〕毛泽东从事实经验中逻辑推理出坚持马克思主义指导思想的重要性，为新时代始终坚持马克思主义的指导地位、确保国家的安定团结提供了重要参考。

2. 推动经济发展

谋求经济发展，是新中国治国理政的重要目标。自鸦片战争至中华人民共和国成立这一百多年间，中华大地战火纷飞，灾难连连。在西方国家搭乘科技革命快车加速发展之际，中国的生产力水平却因"三座大山"的压迫以及长期战乱和体制落后而遭到严重阻滞。在农村，残存的封建地主土地所有制不利于农民生产积极性的发挥，束缚了农业生产力的发展；在城市，通货膨胀、财经不统一等问题的存在，又影响了国家的经济建设和人民的生活水平。基于此，毛泽东多方寻求

〔1〕《毛泽东著作专题摘编》（下），中央文献出版社 2003 年版，第 2188 页。
〔2〕《毛泽东著作专题摘编》（下），中央文献出版社 2003 年版，第 2264 页。

促进新中国经济发展的有效措施，尤其是学习当时正处于发展态势的苏联的经验。1949 年底至 1950 年初访苏期间，毛泽东通过走访城市、参观工厂、观察机器等形式，留心考察了苏联经济建设的状况。回国后，毛泽东在介绍苏联较为先进的发展情况时，还特意强调："第一个社会主义国家发展的历史，就给我们提供了最好的经验，我们可以用他们的经验。"〔1〕毛泽东围绕新中国经济建设的现实问题来总结学习苏联经济建设的经验，体现了其着眼当下的问题意识。其后，中央委员会又"总结了中华人民共和国成立以来的经验，在我国国民经济恢复阶段将要结束的时候，即一九五二年，提出了党在过渡时期的总路线"〔2〕，对农业、手工业、资本主义工商业实施改造，成效显著。1955 年底，毛泽东在感慨新中国治国理政成就时指出："经过了两千多年仍然是那样贫困的人民，办了三年合作社，经济生活和文化生活都开始改变了面貌。这就证明，现在的社会主义确实是前无古人的。"〔3〕毛泽东高度重视经济发展、切实关注民生的思想，为新时代推动经济持续健康发展、大力实施精准扶贫提供了历史参照。

3. 促进文化繁荣

促进文化繁荣是新中国治国理政的重要内容。受长期政局动荡和经济凋敝的影响，中华人民共和国成立时，我国的文化事业相当落后。一方面，旧社会的封建思想根深蒂固，影响了社会主义新文化的发展；另一方面，西方资本主义的反动文化，亦对新中国文化建设产生了一定程度的负面影响。如何辩证对待中国传统文化与国外文化，如何发

---

〔1〕 中共中央文献研究室编，逄先知、金冲及主编：《毛泽东传（1949—1976）》（上），中央文献出版社 2003 年版，第 53 页。

〔2〕《毛泽东文集》第 6 卷，人民出版社 1999 年版，第 389 页。

〔3〕《毛泽东文集》第 6 卷，人民出版社 1999 年版，第 454—455 页。

展具有中国特色的社会主义文化，从而为新中国建设发展提供思想源泉和精神动力，是新中国治国理政过程中需要妥善处理的重要问题。对于中国传统文化，毛泽东始终坚持“取其精华，弃其糟粕”的科学态度。早在全面抗日战争时期，毛泽东就指出：“从孔夫子到孙中山，我们应当给以总结，承继这一份珍贵的遗产。这对于指导当前的伟大的运动，是有重要的帮助的。”〔1〕毛泽东将历史文化与现实运动紧密结合起来的思想，对新中国的治国理政产生了积极影响。对于国外文化，毛泽东在 1953 年 2 月 7 日全国政协一届四次会议的闭幕会上，以中国古代史上唐三藏去西域取经和近代史上学习西方资本主义科学文化为例，充分论证了学习国外科学文化的合理性，指出：“一切我们用得着的，统统应该虚心地学习。”〔2〕通过分析历史经验来探求现实问题的解决路径，是毛泽东治国理政大智慧的重要体现，也为新时代推进国家治理体系和治理能力现代化提供了重要启示。

二、“理论与实践的统一，是马克思主义的一个最基本的原则”，治国理政既要在理论的指导下推动实践发展，又要在实践的基础上推进理论创新

找准理论与实践的契合点，将马克思主义基本原理与中国具体实际相结合，是毛泽东一以贯之的重要原则。这一重要原则在指导人民革命取得成功之后，又指导新中国治国理政取得了伟大成就，为新时代党的治国理政提供了重要启迪。

〔1〕《毛泽东选集》第 2 卷，人民出版社 1991 年版，第 534 页。

〔2〕《毛泽东文集》第 6 卷，人民出版社 1999 年版，第 264 页。

（一）在理论的指导下推动实践发展

1. 始终坚持科学的理论

理论是行动的指南，科学的理论对于实践发展有着重要的指导作用。毛泽东高度重视理论的能动作用，始终坚持马克思主义，积极消除教条主义和主观主义、官僚主义、宗派主义的影响，使实践真正处于正确理论的指导之下。据毛泽东本人陈述，他在1920年夏就已经成为一名马克思主义者，并以马克思主义来指导自己的革命行动。中华人民共和国成立后，毛泽东又以马克思主义来指导治国理政。1954年9月15日，毛泽东就如何建设伟大的社会主义国家坚定指出："指导我们思想的理论基础是马克思列宁主义"，并对在马克思主义指导下"克服一切艰难困苦，将我国建设成为一个伟大的社会主义共和国"[1]充满信心。但同时，毛泽东亦十分强调反对错误思想对马克思主义的侵蚀。1956年8月24日，在同新中国音乐工作者的谈话中，毛泽东回顾了我党在民主革命时期因教条主义而遭受的重大损失，要求大家"必须反对教条主义"[2]。为确保指导理论的正确性，同年9月15日，毛泽东在党的八大开幕词中，更进一步指出，"在我们的许多同志中间，仍然存在着违反马克思列宁主义的观点和作风，这就是：思想上的主观主义、工作上的官僚主义和组织上的宗派主义"[3]，因此，必须要加强党内思想教育，切实提高党员的马克思主义理论水平，从而为治国理政的具体实践提供强大的思想支撑。

2. 始终坚持以正确的理论推动实践的发展

理论来源于实践，又推动着实践的发展。新中国的治国理政面临

---

〔1〕《毛泽东文集》第6卷，人民出版社1999年版，第350页。
〔2〕《毛泽东文集》第7卷，人民出版社1999年版，第79页。
〔3〕《毛泽东文集》第7卷，人民出版社1999年版，第116页。

着国内与国际、历史与现实的诸多挑战。以马克思主义理论来推动新中国各项事业顺利向前发展，是新中国开展治国理政的必然要求。毛泽东多次强调要努力学习并灵活运用马克思主义，在《论十大关系》中，毛泽东指出："我们的理论，是马克思列宁主义的普遍真理同中国革命的具体实践相结合。"〔1〕这是对中华人民共和国成立头七年理论联系实践的归纳总结，也是对之后国家建设发展的规划指导。1956年8月30日，毛泽东在党的八大预备会议上再次指出："理论与实践的统一，是马克思主义的一个最基本的原则。"因此，"马克思主义的普遍真理一定要同中国革命的具体实践相结合，如果不结合，那就不行"。〔2〕毛泽东从历史唯物主义的角度，阐释了思想必须反映客观实际的必要性，批评了当时我党存在的部分理论脱离实际的主观主义错误。9月15日，在党的八大开幕词中，毛泽东进一步提出："把马克思列宁主义的理论和中国革命的实践密切地联系起来，这是我们党的一贯的思想原则。"〔3〕这就将理论联系实践提高到了党的思想原则的高度，为治国理政提供了重要遵循。毛泽东不仅强调解决中国问题需要理论联系实践，还从世界发展的大局出发，对于向中国学习的世界友人阐释了理论联系实践的重要性。1956年4月29日，毛泽东在会晤拉丁美洲部分国家党代表时谈道："有一点要跟大家说清楚，就是中国的经验只能提供作为参考，照抄则不可。各国应根据自己国家的特点决定方针、政策，把马克思主义同本国特点结合起来。"〔4〕毛泽东开诚布公地分析各国应理论联系实践、合理把握中国建设经验的举动，彰显了其

〔1〕《毛泽东文集》第7卷，人民出版社1999年版，第42页。
〔2〕《毛泽东文集》第7卷，人民出版社1999年版，第90页。
〔3〕《毛泽东文集》第7卷，人民出版社1999年版，第116页。
〔4〕《毛泽东文集》第7卷，人民出版社1999年版，第64页。

真诚坦荡的开阔胸襟和大国外交的全球视野，提升了中国的国际形象，有利于为我国的治国理政创造更为友好的国际环境。

（二）在实践的基础上推进理论创新

实践永无止境的发展，催促着理论永不停歇地创新。毛泽东以其敏锐的思辨能力，在以理论推动实践发展的同时，又以实践推进理论升华，为新时代不断发现新规律、持续提炼新理论提供了重要启示。

1. 坚持实事求是

实践是理论创新的重要来源，又为理论创新提供了严格标准。理论的科学性在于其经得起实践的检验。毛泽东认为认识是一个渐进趋近真理的过程，并且具有一定的反复性，因此，通过实践来校对认识是获得真理的重要路径。[1]基于人类认识发展史，毛泽东指出在理论发展的过程中，需要“抓着了世界的规律性的认识，必须把它再回到改造世界的实践中去，再用到生产的实践、革命的阶级斗争和民族斗争的实践以及科学实验的实践中去”。[2]中华人民共和国成立后，毛泽东在治国理政的实践中进一步深化了这一思想。苏共二十大后，毛泽东开始逐渐反思中国学习苏联模式的利弊，指出：“按照辩证唯物论，思想必须反映客观实际，并且在客观实践中得到检验，证明是真理，这才算是真理，不然就不算。”[3]对于以实践检验真理的高度重视，是毛泽东以负责任态度对待理论发展与创新的重要体现。对于理论创新的艰难过程，毛泽东也有充分的预计，他曾在《关于正确处理人民内部矛盾的问题》中指出：“正确的东西总是在同错误的东西作斗争的过程中发展起来的。真的、善的、美的东西总是在同假的、恶的、丑的东

〔1〕《毛泽东选集》第 1 卷，人民出版社 1991 年版，第 293 页。
〔2〕《毛泽东选集》第 1 卷，人民出版社 1991 年版，第 292 页。
〔3〕《毛泽东文集》第 7 卷，人民出版社 1999 年版，第 90 页。

西相比较而存在，相斗争而发展的。”[1]毛泽东对理论创新过程的全面认知和理论创新规律的深刻剖析，对于当前不断推进新形势下的理论创新具有重要指导作用。

2. 实践是理论创新的重要动力

实践之路常新，理论之树长青。实践的前进倒逼理论的前行，实践发展是理论创新的重要动力，理论创新是实践发展的内在需求。毛泽东对于实践与理论的辩证关系有着深刻思考。土地革命战争时期，毛泽东在读《辩证唯物论与历史唯物论》一书时，做过“实践是发展的，理论也应是发展的”[2]的批注，反映了他对实践与理论互动关系的认知理解以及对推动理论创新的责任担当。中华人民共和国成立后的1956年3月14日，毛泽东在会见越南、印度尼西亚领导人时指出：“我们的头脑、思想对客观实际的反映，是一个由不完全到更完全、不很明确到更明确、不深入到更深入的发展变化过程，同时还要随客观实际的发展变化而发展变化。”[3]毛泽东阐释了认识过程的渐进性和曲折性，指出了我们的思想理论要随着客观实际的变化发展进步，这就对不断推进马克思主义中国化提出了重要要求。1957年3月12日，毛泽东在中国共产党全国宣传工作会议上进一步部署：“马克思主义一定要向前发展，要随着实践的发展而发展，不能停滞不前。停止了，老是那么一套，它就没有生命了。”[4]理论的生命力，在于它是时代精神的集中反映，时代发展了，理论亦应与时俱进。从新的时代、新的实践中汲取强韧力量，是理论创新展现旺盛生命力的不竭动力。

---

〔1〕《毛泽东文集》第7卷，人民出版社1999年版，第230页。

〔2〕《毛泽东哲学批注集》，中央文献出版社1988年版，第144页。

〔3〕《毛泽东文集》第7卷，人民出版社1999年版，第17页。

〔4〕《毛泽东文集》第7卷，人民出版社1999年版，第281页。

三、“党群关系好比鱼水关系”，治国理政既要厚植党的群众基础，又要坚持党的领导核心地位

中国共产党和中国人民之间存在着紧密的血肉联系。人民是党的执政根基，党是人民的领导核心。作为党的伟大领袖，作为人民的儿子，毛泽东很好地将党和人民结合了起来，取得了治国理政的伟大成就，开辟了中国共产党治国理政的新境界。

（一）人民群众是党的执政根基

1. 人民群众是新中国的创造者

在马克思主义唯物史观的指导下，毛泽东始终坚信人民群众是历史过程的主体。没有人民群众，就没有历史的进步。从辛亥革命到五四运动，从抗日战争到解放战争，中国近现代史上每一次变革、运动、战争，都少不了千百万人民群众的身影。人民群众开辟了中国社会进步发展的道路，人民群众推动了中国社会向前的历史车轮。早在中华苏维埃共和国临时中央政府的局部执政实践中，毛泽东就意识到人民群众对于党的领导的重要性。1934 年 1 月 27 日，毛泽东在江西瑞金就关心群众生活，发表了重要讲话，其中谈道：“真正的铜墙铁壁是什么？是群众，是千百万真心实意地拥护革命的群众。”〔1〕毛泽东充分肯定了人民群众的历史主体地位，要求中国共产党紧密团结人民群众，从而彻底消灭一切反革命，夺取全国政权。抗日战争胜利前夕，毛泽东从世界反法西斯战争的大局视野和建立新中国的长远眼光出发，再次强调了人民群众是“创造世界历史的动力”〔2〕，突出了其在打败日本侵略者、组建人民新国家中的伟大作用和历史地位。没有人民群众，

---

〔1〕《毛泽东选集》第 1 卷，人民出版社 1991 年版，第 139 页。

〔2〕《毛泽东选集》第 3 卷，人民出版社 1991 年版，第 1031 页。

就没有党的事业。中国共产党是人民群众在长期实践中的必然选择。自中国共产党成立之日起，党强大的组织领导能力和优秀的为人民服务品质，就已促使其成为人民群众的必然选择。1936 年底，在中日民族矛盾尖锐的抗战时期，毛泽东分析了中国革命战争的战略问题，指出被人民群众选择并信任着的中国共产党是中国救亡图存的重要条件。而后来的事实也验证了毛泽东这一论断的科学性，在抗日战争中发挥了中流砥柱作用的中国共产党最终带领人民取得了伟大胜利。

2. 人民群众是新中国的建设者

中华人民共和国成立时，据统计，截至 1949 年底，新中国国内生产总值为 194.3 亿美元，人均国内生产总值 35.7 美元，原煤 0.32 亿吨，原油 12 万吨，粮食 11318 万吨，棉花 44.4 万吨。〔1〕经过人民群众的艰苦奋斗，新中国迅速从战争的创伤中走出。在第一个五年计划完成的 1956 年底，我国国内生产总值达 1029.0 亿元，人均国内生产总值达 166 元，〔2〕粮食产量达 19274.5 万吨，棉花产量达 144.5 万吨，原煤产量达 1.10 亿吨，原油产量达 116 万吨。〔3〕1957 年底，《中华人民共和国国家统计局关于发展国民经济的第一个五年（1953 年到 1957 年）计划执行结果的公报》详细阐述了新中国在社会主义改造、基本建设、工业生产、农业生产、运输邮电、国内外商业、人民的物质生活和文化生活等七大方面的巨大成就，充分肯定了上述成就的取得离不开

〔1〕 当代中国研究所编：《中华人民共和国史编年·1949 年卷》，当代中国出版社 2004 年版，第 838 页。

〔2〕 当代中国研究所编：《中华人民共和国史编年·1956 年卷》，当代中国出版社 2011 年版，第 904 页。

〔3〕 当代中国研究所编：《中华人民共和国史编年·1956 年卷》，当代中国出版社 2011 年版，第 907 页。

“全国各族人民的辛勤努力”。[1]而这一点，也正是毛泽东曾多次强调所指出的。对于新中国建设中遇到的剩余劳动力问题，1955 年 6 月 11 日，毛泽东指出：“人民群众有无限的创造力。他们可以组织起来，向一切可以发挥自己力量的地方和部门进军，向生产的深度和广度进军，替自己创造日益增多的福利事业。”[2]上述言论高度肯定了人民群众的伟大创造力，为开拓多元路径解决就业、凝聚一切力量建设国家作出了思想指导。对于人民群众的积极性、主动性问题，1955 年底，毛泽东在阅读《中国农村的社会主义高潮》时，曾做按语指出“社会的财富是工人、农民和劳动知识分子自己创造的”，[3]肯定了人民群众在社会财富创造中的主体地位，突出了人民群众在新中国建设中所起到的伟大作用，调动了广大人民群众建设社会主义的积极性、主动性。

（二）党是人民群众的领导核心

1. 人民选择了党的领导

中国共产党的领导地位是人民在历史行进过程中的必然选择。人民之所以选择了中国共产党，是因为中国共产党本身的优秀品质和强大能力。没有共产党就没有新中国，没有共产党就没有人民翻身做主人。自成立以来，党在波澜壮阔的历史洪流中，“受到几重敌人的压迫，得到了锻炼，具有了领导中国人民革命的资格”[4]。在长期革命战争的历练打磨中，中国共产党的力量不断成长壮大，威信不断提高增强，具备了成为执政党的一切条件。1955 年 7 月 31 日，毛泽东在中共中

[1] 当代中国研究所编：《中华人民共和国史编年·1957 年卷》，当代中国出版社 2011 年版，第 867 页。
[2]《毛泽东文集》第 6 卷，人民出版社 1999 年版，第 457 页。
[3]《建国以来毛泽东文稿》第 10 册，中央文献出版社 2023 年版，第 340 页。
[4]《毛泽东选集》第 4 卷，人民出版社 1991 年版，第 1430 页。

央召集的省委、市委、自治区党委书记会议上坚定宣称："我们必须相信：(1)广大农民是愿意在党的领导下逐步地走上社会主义道路的；(2)党是能够领导农民走上社会主义道路的。"〔1〕1957年3月12日，基于新中国取得的重大成就，毛泽东指出："我们的党是一个伟大的党，光荣的党，正确的党。这是必须肯定的。"〔2〕毛泽东对于党的角色地位的准确定位，强化了党的执政合法性，巩固了党的执政地位。同年5月25日，毛泽东在接见中国新民主主义青年团第三次全国代表大会的会议代表时，再次强调："中国共产党是全中国人民的领导核心。没有这样一个核心，社会主义事业就不能胜利。"〔3〕毛泽东对于党在人民群众中核心领导地位的坚持，对于促进新中国各项事业的顺利开展发挥了重要作用，亦对新时代坚持中国共产党的核心领导地位、维护社会主义国家的持久稳定具有重大意义。

2. 党领导人民是为了人民

中国共产党始终坚持执政为民。我们的党来自人民，服务于人民。毛泽东对中国共产党和人民群众相互依存的辩证关系有着深刻的认知，并言道："党群关系好比鱼水关系。如果党群关系搞不好，社会主义制度就不可能建成；社会主义制度建成了，也不能巩固。"基于上述认识，毛泽东要求"共产党员要善于同群众商量办事，任何时候也不要离开群众"〔4〕。执政为民是党治国理政的价值旨归，党在治国理政的过程中，既要服务好人民群众，又要引导好人民群众。全心全意为人民服务是党的根本宗旨，《共同纲领》明确规定国家工作人员应养成"为人民服

〔1〕《毛泽东文集》第6卷，人民出版社1999年版，第430—431页。
〔2〕《毛泽东文集》第7卷，人民出版社1999年版，第274页。
〔3〕《毛泽东文集》第7卷，人民出版社1999年版，第303页。
〔4〕《建国以来毛泽东文稿》第11册，中央文献出版社2023年版，第489页。

务”的工作作风，坚决反对脱离人民群众的官僚主义，紧密地将党和人民团结在了一起。1949 年 10 月 24 日，毛泽东在同绥远负责人的谈话中指出：“应当说，一切都是为了人民的利益。打仗，是为人民求解放；和平解放，团结改造，也是为了人民的利益。”〔1〕服务人民，是党治国理政的目标所在。为从根本上保障党服务人民的有效性，毛泽东要求党要正确地引导人民，确保人民群众始终处于历史过程的主体地位。对于人民群众中的正确意见，党必须虚心听取；对于人民群众中的错误思想，党还须耐心教育。我们党既要服务人民，又要引导人民；人民既要服从于党的领导，又要爱护党员干部。对于党员干部的工作困难，广大人民群众要包容体谅，对于不涉及原则性的错误，不要泼冷水，但一旦发现错误，亦要及时指出并帮助改正。〔2〕毛泽东在治国理政中把党和人民很好地结合了起来，其创建的关于党和人民关系的范式为新时代党群关系的处理，提供了宝贵经验和有效启示。

“历史、现实、未来是相通的。历史是过去的现实，现实是未来的历史。”〔3〕以毛泽东同志为核心的党的第一代中央领导集体在艰辛探索中形成的毛泽东治国理政思想，为历经百年战乱、占世界人口四分之一的东方大国的重新崛起，作出了彪炳史册的贡献。新时代，深入研究毛泽东治国理政思想，积极探求其对当前党治国理政的现实启示，对于推进国家治理体系和治理能力现代化有着重大的理论意义和现实意义。

---

〔1〕《毛泽东文集》第 6 卷，人民出版社 1999 年版，第 10 页。

〔2〕 参见《毛泽东文集》第 7 卷，人民出版社 1999 年版，第 218—219 页。

〔3〕《习近平总书记系列重要讲话读本》，学习出版社、人民出版社 2014 年版，第 178 页。

国家治理视域下陈云全面从严治党思想中的“严”与“爱”*

治国必先治党、治党务必从严。陈云同志是中国社会主义经济建设的开创者和奠基人之一，党和国家久经考验的卓越领导人，是以毛泽东同志为核心的党的第一代中央领导集体和以邓小平同志为核心的党的第二代中央领导集体的重要成员，为党和人民事业发展作出了重大贡献。他虽未使用过“国家治理”和“全面从严治党”之具体表述，但其基于国家治理的政治站位，坚持以“严”为底色、以“爱”为本色的全面从严治党思想，却内容丰富、意蕴深刻。回顾和梳理陈云国家治理视域下“严”、“爱”辩证统一的全面从严治党思想，对于新时代推进全面从严治党、推进国家治理体系和治理能力现代化有着重要的理论意义和现实意义。

* 本文系安徽省哲学社会科学规划青年基金项目“中国共产党治国理政的理论、实践及其经验启示研究”（AHSKQ2019D002）的阶段性成果，曾发表于《思想理论教育导刊》2021 年第 1 期。

一、以“严”为底色，全面从严治党为国家治理提供重要保障

国家治理必须坚持全面从严治党。只有坚持全面从严治党，才能不断提高党的执政能力，确保党的核心领导地位，为国家治理提供根本保障。陈云以其高度的政治责任感和非凡的战略眼光，为全面从严治党烙下了“严”的底色。

（一）“要加强共产党员的党性教育”，思想建党是全面从严治党的精神根基

思想建党是全面从严治党的精神根基。革命理想高于天，坚定理想信念，坚守精神追求，始终是共产党人安身立命的根本。陈云非常强调理想信念对于全面从严治党的重要性。改革开放初，市场经济对部分党员的理想信念产生了一定的冲击，少数地区甚至出现了党员开会不积极、向党组织索要误工费等不良现象。针对这一情况，1983 年 10 月，陈云以革命战争年代党员不惜生命代价为共产主义抛头颅洒热血的事迹，批评了理想信念发生动摇，开会要钱、集训要钱的党员，并且他还激情高呼“资本主义必然要被共产主义所代替”和“社会主义万岁！共产主义万岁！”[1]彰显了陈云对共产党员理想信念的高度重视。坚定的理想信念、良好的党性，也是陈云选拔和任用干部的重要标准。1981 年 7 月，陈云就干部的提拔问题指出：“工作人员必须是党性好的中青年干部。”[2]党员干部的党性影响着中国共产党为人民服务的初心和国家治理的效能，好的党性是选拔任用干部的重要前提，也是陈云选拔任用干部的基本原则。

---

〔1〕《陈云文选》第 3 卷，人民出版社 1995 年版，第 332—333 页。

〔2〕《陈云文选》第 3 卷，人民出版社 1995 年版，第 303 页。

陈云高度重视党员理想信念的塑造教育。把理想信念建立在对科学理论的认同上是塑造共产党员理想信念的有效方式，加强对于党员理想信念的教育，是陈云从严治党思想的重要内容。1985 年 6 月，陈云在论述社会主义精神文明建设问题时，提出“要加强共产党员的党性教育，提高共产党员的素质”，并强调“提高共产党员的党性觉悟，坚定地保持共产主义的纯洁性”是“同一切违反共产主义理想的错误言行，进行坚决斗争”[1]的重要方式。同年 9 月，针对西方资本主义腐朽思想的渗透，陈云理性分析了改革开放对于社会主义事业的影响，要求各级党委，尤其是老干部，要有针对性地进行以共产主义思想为核心的教育，并深刻阐释了加强党员理想信念教育对于改革开放形势下推进全面从严治党的重要作用，为持续推进全面从严治党、推进国家治理体系和治理能力现代化提供了历史参照。

（二）“任何时候都必须坚持党的纪律”，制度治党是全面从严治党的有力支撑

制度治党是全面从严治党的有力支撑。陈云在加强思想建党的同时，积极推进制度治党，力求用纪律和规矩管住党员干部，确保将权力关进制度的笼子。

推进制度治党，首先要建立健全党纪党规。自 1921 年中国共产党成立以来，我们党就一直在前进中不断总结经验，根据实际情况和现实需要创建和完善党的规章制度。陈云为建立健全党纪党规做出了不懈努力。在担任中共中央组织部部长期间的 1939 年 5 月，陈云从中国共产党局部执政和抗日战争形势发展的客观情况出发，将党章中关于共产党员的标准进一步具体化，创造性地提出了衡量共产党员的“六

---

〔1〕《陈云文选》第 3 卷，人民出版社 1995 年版，第 348 页。

条标准”，即“终身为共产主义奋斗”“革命的利益高于一切”“遵守党的纪律，严守党的秘密”“百折不挠地执行决议”“群众模范”“学习”。[1]1942 年 11 月，陈云根据形势的发展更进一步对党员干部提出了“四条要求”，即“对党忠实”“同群众有联系”“有独立工作能力”“遵守纪律”。[2]这些党纪党规的创建，为新中国成立后从严治党提供了基本标准和丰富经验，并为党的建设发展提供了有益保障。在担任中央纪律检查委员会第一书记期间，陈云立足于改革开放后的新情况新形势，又推动建立了一大批具有针对性的党纪党规。在其努力下，1980 年 2 月，中国共产党十一届五中全会通过了《关于党内政治生活的若干准则》，为维护党的团结统一和国家的长治久安作出了巨大贡献。在此之后，陈云还相继推动了一系列党纪党规的出台，对于提高党员干部的思想政治水平、增强党性以及预防和惩处腐败都具有重大意义。这些党纪党规是全面从严治党的重要内容，亦是国家治理的有力表现。

推进制度建党，还要严明严守党纪党规。法规制度的生命力在于严格执行，陈云在严明严守党纪党规、坚决维护制度的严肃性和权威性方面下了很大功夫。1940 年 3 月，陈云在延安提出：“党的纪律是统一的，必须无条件遵守。严格地遵守党的纪律为所有党员及各级党部之最高责任。无特殊人物，无特殊组织。”[3]这段话充分强调了在党纪党规面前人人平等，执行制度没有特殊没有例外。1979 年 1 月，陈云在刚就任中央纪律检查委员会第一书记时，态度坚决地表示：“党的中央纪律检查委员会的基本任务，就是要维护党规党法，整顿党风。”[4]

〔1〕《陈云文选》第 1 卷，人民出版社 1995 年版，第 137—142 页。
〔2〕《陈云文选》第 1 卷，人民出版社 1995 年版，第 271 页。
〔3〕《陈云文选》第 1 卷，人民出版社 1995 年版，第 196 页。
〔4〕《陈云文选》第 3 卷，人民出版社 1995 年版，第 240 页。

此外，陈云还身体力行地用实践行动捍卫党纪党规。针对改革开放初我党出现的部分严重经济犯罪问题，陈云严厉要求“严办几个，判刑几个，以至杀几个罪大恶极的”[1]。这一雷厉风行的做事风格，展现了陈云执行党纪党规的坚强决心，也赢得了党内同志的高度认可。但也有少数同志认为当时抓经济犯罪的时机已经为时过晚，担心即便决心再大也处理不了一些有权有势的大干部。对此，陈云认为：“现在抓，时间虽晚了些，但必须抓到底。中纪委必须全力以赴。”[2]陈云关于严格执行党纪党规的思想，是改革开放初期狠抓党建的有力武器，亦是新时代推进全面从严治党的强大精神动力。1984 年 10 月，陈云又进一步指出：“党性原则和党的纪律不存在‘松绑’的问题。没有好的党风，改革是搞不好的。共产党不论在地下工作时期或执政时期，任何时候都必须坚持党的纪律。”[3]陈云以其敏锐的政治观察力，将党的纪律建设提高到关乎改革开放成败的高度，并将其与党的执政能力和国家治理联系起来，体现了陈云的大局意识和长远眼光，为新时代推进全面从严治党、推进国家治理体系和治理能力现代化提供了宝贵经验。

二、以“爱”为本色，全面从严治党为治国理政提供精神动力

全面从严治党，关键是“严”。但“严”字的背后，则内蕴着党和国家对广大党员的“爱”。陈云坚持以人为本，为全面从严治党思想烙下了“爱”的本色。

---

〔1〕《陈云文选》第 3 卷，人民出版社 1995 年版，第 273 页。

〔2〕《陈云年谱（1905—1995）》下卷，中央文献出版社 2000 年版，第 291 页。

〔3〕《陈云文选》第 3 卷，人民出版社 1995 年版，第 275 页。

（一）"支部是党的基层组织，是党的力量增长的主要源泉"，关心基层党员

陈云十分关心基层党员。在物质生活上，陈云强调要推动经济发展，保障基层党员的基本生活，这是确保基层党员人心安定、提高党的基层组织战斗堡垒作用的重要前提。在纵观历史发展的基础上，陈云理性考量国家治理中的实际情况，客观指出在革命成功之后，要积极改善包括党员在内的广大人民群众的经济状况，保障其物质生活。在思想状况上，陈云高度重视基层党员的精神风貌，且十分关心广大党员在政治方面的成长与进步。陈云一贯认为"学习是共产党员的责任"〔1〕，也是提高党员文化水平和政治水平的有效路径。1985 年 3 月，为建设高素质的党员队伍，陈云指出"提高党员素质，是党的建设上的一个根本问题"〔2〕，要求积极加强党员的理论学习并提高党员的整体素养。同年 7 月，陈云在《人民日报》发表了题为《两个文明一起抓》的文章，辩证分析了物质文明与精神文明的关系，指出既要重视物质文明，又要狠抓精神文明。这一思想对于推进我国的文化教育事业、提高广大人民群众的知识文化素养有着重要指导作用。

（二）"用父母爱儿女之心来爱护干部"，爱护党员干部

陈云十分重视爱护党员干部。对于党员干部的提拔问题，1938 年 9 月，陈云在延安提出了"了解人、气量大、用得好、爱护人"的十二字方针，指出"凡是提拔干部，得全面估计他的德和才；既提拔起来，就得多方面帮助他，不使他垮台"〔3〕。干部提拔，要充分考虑备选人员的品德和才能。进入干部行列后，组织既要严格要求，又要积极培养。

---

〔1〕《陈云文选》第 1 卷，人民出版社 1995 年版，第 187 页。

〔2〕《陈云年谱（1905—1995）》下卷，中央文献出版社 2000 年版，第 377 页。

〔3〕《陈云文选》第 1 卷，人民出版社 1995 年版，第 122 页。

犯错时绝不姑息，但涉及影响干部政治生命的重大问题时，还是要谨慎处理。这一见解充分体现了陈云真切爱护党员干部的良苦用心，也为党的选人用人制度提供了重要参考。

对于党员干部的错误，陈云始终坚持“团结—批评—团结”的方针，讲团结，顾大局。1980 年 2 月，陈云曾语重心长地说道：“全党应该允许书记处或者书记处的某个同志犯错误，准备他们犯错误。不犯错误的人是没有的。老同志和其他同志要帮助他们。”〔1〕此外，陈云还指出没有不犯错误的人，对于犯错误同志的功过是非要辩证地、全面地、客观公正地看待，对于非原则性的大错误，“不赞成这样对犯错误的同志扭住不放。这种检讨没有完没有了的情况，我认为不是党的好作风”〔2〕。陈云在管党治党中形成的党内关怀思想，体现了陈云的人本情怀，为新时代推进全面从严治党提供了重要指导。

对于党员干部的新老交替问题，1981 年 7 月，陈云根据当时的实际情况要求“必须成千上万地提拔中青年干部”〔3〕，认为这是解决当时干部青黄不接的必要手段和方法，并且要求全党上下一起努力，设置相关机构，增加中青年干部接触工作的机会，帮助他们成长。1983 年 6 月，陈云又提出了干部队伍建设的“三个梯队”问题，指出第一梯队和第二梯队的年龄距离太近，要努力建设好由中青年干部组成的第三梯队。在建设第三梯队的过程中，党的老同志要积极发挥作用，真心培养帮助中青年干部，主动给他们让位，“把他们扶上马，再送上一程”。〔4〕这些战略性举措为青年干部的选拔提供了良好环境，也为国家

---

〔1〕《陈云文选》第 3 卷，人民出版社 1995 年版，第 270 页。
〔2〕《陈云文选》第 3 卷，人民出版社 1995 年版，第 272 页。
〔3〕《陈云文选》第 3 卷，人民出版社 1995 年版，第 302 页。
〔4〕《陈云文选》第 3 卷，人民出版社 1995 年版，第 325 页。

治理的人才培养作出了巨大贡献。

（三）“老干部是我们党的宝贵财富”，关怀离退休党员

陈云真心关怀离退休党员。做好离退休党员的工作是党的工作的重要组成部分，也是确保党内和谐安定、党员安心治国的重要措施。陈云站在国家治理和党的可持续发展的高度，从人性关怀的视角出发，拓展工作思路，强化服务意识，为离退休党员的工作做出了许多努力。

陈云高度肯定了党的老一辈无产阶级革命家为党和国家事业所作出的贡献，强调“老干部是我们党的宝贵财富，应该很珍惜地使用他们，使他们尽到传帮带的职责。这是党的需要，也是老干部的心愿”〔1〕。在提拔培养青年干部的同时，陈云不忘认可老党员老干部为党和国家事业所做的牺牲和努力，饱含深情地道出老干部的可贵性以及老干部应继续发光发热的使命性。陈云对于离退休党员的生活状况做出了精心合理的安排。陈云认为，老干部在退居第二、第三线后，其看文件、听报告、参加讨论等政治待遇要有所保证，其住房、医疗、交通工具等物质待遇也要有所照顾和优待。1981 年 7 月，陈云在省、自治区、直辖市党委书记座谈会上，从维护国家稳定与爱护党员干部的视角阐释了做好老干部离退休工作的必要性。他一再强调要多方面考虑老干部离退休之后的休养和文化娱乐生活，促进人心安定，体现了陈云对老党员们无微不至的关怀，也彰显了陈云在国家治理上的长远眼光。

陈云还对离退休党员干部提出了一些要求。一方面，由于我们党还是一个年轻的政党，离退休党员干部工作也有一个渐进完善的过程，因此，对于离退休党员工作中的难处，老党员们“应该自觉地体谅在

〔1〕《陈云文选》第 3 卷，人民出版社 1995 年版，第 296 页。

执行这项政策中某些方面会遇到的困难”[1]；另一方面，老党员老干部们既要主动让出工作岗位，又要心系国家。针对这一问题，1982 年 9 月，陈云明确指出：“老干部退出了第一线，革命是不是就到头了呢？并没有。”在关键时刻，老干部老党员还要“在重大问题上出出主意，把把关”。[2]此时，陈云已年近八十，这一番意味深长的讲话体现了陈云时刻不忘党的事业、终身为党贡献的伟大革命精神，亦反映了陈云在管党治党过程中的辩证思维和大智慧，为新时代推进全面从严治党、推进国家治理体系和治理能力现代化提供了重要启示。

三、“严”“爱”结合的全面从严治党与国家治理具有内在统一性

全面从严治党是国家治理的题中应有之义，国家治理必须坚持全面从严治党。无论是“严”还是“爱”，都是治党路径，其价值指向是要锤炼一支强大的执政党队伍，实现国家的长治久安和人民的幸福安康。陈云从国家治理的大视野强调了全面从严治党的重要性和必要性，明晰了全面从严治党与国家治理的内在统一性。

（一）“要维护和加强党中央的权威”，坚持全面从严治党、确保党的核心领导地位是国家治理的重要前提

坚持全面从严治党，始终确保党的核心领导地位，是国家治理的重要前提。新中国成立后，党和国家面临着一系列新情况、新问题和新挑战。如何在风云变幻的新的历史关头带领中国人民建设一个富强、民主、文明的社会主义国家，是我们党和人民迫切需要解决的现实问题。1951 年 7 月 1 日，在中国共产党成立 30 周年之际，陈云在全面

[1]《陈云文选》第 3 卷，人民出版社 1995 年版，第 296 页。
[2]《陈云文选》第 3 卷，人民出版社 1995 年版，第 315 页。

总结新中国成立近两年来各方面建设成果的基础上，坚定自信地指出：“中国共产党，经过了二十八年半的奋斗，领导我国人民推翻了帝国主义、国民党的反动统治，又领导着国家建设，为时已经一年半。国家经济建设对我们来说是一项新的工作，我们需要努力学习。但是，深信我们党在毛泽东同志领导下，将像推翻帝国主义、国民党反动统治的武装斗争一样，胜利地建设我们的国家。”〔1〕上述言论，从历史和现实的维度，清晰明确地分析了坚持党的领导与国家建设之间的关联，展现了确保党的核心领导地位与国家治理之间的必然关系。在党强有力领导下，1956 年底，我国顺利完成三大改造，进入了社会主义初级阶段。

在随后探索社会主义道路上，我们党虽出现了一些曲折和失误，但最终还是拨乱反正，并于 1978 年底的十一届三中全会上作出了改革开放的伟大决策。改革开放给中国的发展带来了新鲜血液和重要动力，但一些西方反动腐化思想也随之涌进中国。少数政治动机不纯的人借着改革开放的时机大肆宣扬西方的“自由”“民主”，甚至对中国共产党的领导地位也做出了攻讦。在此情势下，陈云始终强调要坚持党的领导、牢牢掌握党对改革开放和国家各项事业的领导权，从维护国家长治久安的立场指出党的正确领导是改革开放和国家发展的根本保证。1994 年 2 月，陈云在他人生的最后一篇文章中寓意深刻地指出：“全国上下都要同心同德，团结一致，不折不扣地贯彻落实党中央、国务院采取的一系列方针、政策和措施。”〔2〕这位伟大的无产阶级革命家、政治家，在临终之前，仍然牵挂着党和人民的事业，寓意深刻地告诫党的青年一代要在社会主义事业中始终维护和加强党中央的权威，确保

〔1〕《陈云文集》第 2 卷，中央文献出版社 2005 年版，第 288 页。
〔2〕《陈云文选》第 3 卷，人民出版社 1995 年版，第 380 页。

党的核心领导地位。

（二）“党员的质量重于数量”，坚持全面从严治党、强化党的执政能力是国家治理的重要基础

陈云长期从事革命、建设与改革的实践经验，让他深刻体会到党员质量与党的执政能力之间的内在关联。在革命时期，陈云就提出“党员的质量重于数量”[1]的著名论断，揭示了提高党员素养对于党的可持续发展的重要性。新中国成立初期，党的社会地位、中心任务、工作环境以及生活条件都发生了根本变化，部分党员开始放松警惕、放低要求，甚至出现了贪污腐化的事件。针对此种情况，1954 年 2 月，陈云敏锐地指出，“大家是为革命来的……后来官越做越大，味道也越来越大，有人就只想做官，不想革命了，把革命忘光了”[2]，严肃批评了党内出现的蜕化变质现象，重申了提高党员质量、保持党的先进性和纯洁性的必要性。改革开放后，针对党内存在的纪律松弛、党风不正的现象，1980 年 11 月，陈云又紧迫提出了“执政党的党风问题是有关党的生死存亡的问题”[3]这一重要论断，高度强调了党风建设对党员质量和党的长远发展的重大影响。陈云对于提高党员质量、强化党的执政能力的重视，对于新时代严格执行党员准入制度、建立健全党员教育管理与始终确保党的先进性、纯洁性具有重要的指导意义，为当前推进全面从严治党、推进国家治理体系和治理能力现代化提供了有益参考。

（三）“我们是共产党，共产党是搞社会主义的”，全面从严治党与国家治理统一于建设中国特色社会主义事业的伟大实践当中

国家治理是全面从严治党的价值指向。管党治党不仅关系到党的

---

〔1〕《陈云文选》第 1 卷，人民出版社 1995 年版，第 206 页。
〔2〕《陈云文选》第 2 卷，人民出版社 1995 年版，第 231 页。
〔3〕《陈云文选》第 3 卷，人民出版社 1995 年版，第 273 页。

前途命运，更关系到国家和民族的前途命运。以“严”为底色，坚持全面从严治党，意在维护“爱”的本色，厚植党的执政基础，为确保党领导下的社会主义国家治理提供根本保证。1985 年 9 月，陈云在中国共产党全国代表会议上提出：“我们是共产党，共产党是搞社会主义的。现在进行的社会主义经济体制改革，是社会主义制度的自我完善和发展。”[1] 陈云将中国共产党的责任担当与社会主义事业紧密相连，将党的执政目的和国家治理密切结合，这也为全面从严治党的价值旨归提供了有效依据。

全面从严治党是国家治理的有效路径。社会主义国家治理的顺利实现需要一个强大的马克思主义执政党，由此必然要求加强执政党自身建设，只有执政党自身建设这个根本政治前提和组织基础巩固了，党的领导核心地位才能巩固，党才能承担起历史赋予的崇高使命和伟大领导责任。陈云一向认为，党的领导是中国革命、建设和改革取得成功的根本前提，党的任何一个环节出了问题，都会大大影响治国理政的预期目的与效果。1984 年 10 月，陈云提出：“没有好的党风，改革是搞不好的。”[2] 党风建设是全面从严治党的内在要求，改革开放是国家治理的重要内容，陈云将党的风气与改革的成败直接相连，更进一步明晰了全面从严治党与国家治理之间的必然联系。

全面从严治党与国家治理统一于建设中国特色社会主义事业的伟大实践当中。陈云深知上述两者之间的内在统一性，并多次从国家治理的视角强调了党与社会主义事业之间不可分割的密切关系。1979 年 1 月，陈云在中央纪律检查委员会第一次全体会议上郑重提出：“在党

〔1〕《陈云文选》第 3 卷，人民出版社 1995 年版，第 350 页。
〔2〕《陈云文选》第 3 卷，人民出版社 1995 年版，第 275 页。

中央领导下，一定能够把我们的党建设好，很好地负起这个责任。”〔1〕加强党的建设，坚持全面从严治党，是国家治理的重要内容，陈云对于党的建设的高度重视，无疑是其国家治理思想的具体表现。1985 年 6 月，陈云更进一步指出：“要使全党同志明白，我们干的是社会主义事业，最终目的是实现共产主义。”〔2〕上述论断明晰了中国共产党国家治理的责任担当，战略性地将全面从严治党与国家治理统一于建设中国特色社会主义事业的伟大实践中。

〔1〕《陈云文选》第 3 卷，人民出版社 1995 年版，第 243 页。
〔2〕《陈云论党的建设》，中央文献出版社 1995 年版，第 293 页。

理论、路径、方向

——论《共产党宣言》对党的理想信念教育的三重意义*

党的十九大报告指出："要把坚定理想信念作为党的思想建设的首要任务，教育引导全党牢记党的宗旨，挺起共产党人的精神脊梁，解决好世界观、人生观、价值观这个'总开关'问题。"[1]《共产党宣言》为中国共产党理想信念的树立奠定了理论基础，提供了方法路径并确保了目标方向。在新形势下，加强党员对于《共产党宣言》的学习，充分发挥《共产党宣言》对于党的理想信念教育的重大作用，对于紧密团结在以习近平同志为核心的党中央周围、坚定不移地推进全面从严治党具有重大意义。

---

* 本文系国家社会科学基金青年项目"改革开放初期中国共产党选人用人实践及其当代启示研究"（16CDJ017）、教育部人文社会科学研究专项任务项目"高校党风廉政建设问责机制研究"（17JDJYLZ03）、安徽省教育厅人文社科重点项目"民主革命时期中国共产党廉政法制建设的理论、实践及其当代价值研究"（SK2015A417）的阶段性成果，曾发表于《云南民族大学学报（哲学社会科学版）》2018年第1期，第二作者为中国社会科学院当代中国研究所研究员李正华。

〔1〕 习近平：《决胜全面建成小康社会 夺取新时代中国特色社会主义伟大胜利——习近平同志代表第十八届中央委员会向大会作的报告摘登》，《人民日报》2017年10月19日。

一、《共产党宣言》奠定了党的理想信念教育的理论基础

《共产党宣言》立足于历史唯物主义和辩证唯物主义，全面阐述了社会历史发展的客观规律，并以此为基础，逻辑清晰地厘清了共产主义代替资本主义的必然性，为人类社会的发展进步指明了明确的方向。《共产党宣言》提出的“两个必然”思想以及随后对该思想进行深化补充的“两个决不会”思想，内涵丰富、意蕴深刻，准确传达了科学社会主义的精神实质，为无产阶级的斗争提供了巨大的精神动力，并一直鼓舞着、推动着无产阶级正在进行着的伟大斗争。[1]“两个必然”思想和“两个决不会”思想相互关联，逻辑紧密，是加强党员理想信念教育的重要理论基石。全面从严治党，铸就共产党人的理想信念，需要深刻领会《共产党宣言》所蕴含的真理性认识。

（一）“两个必然”思想指出了无产阶级胜利的必然性

《共产党宣言》的一个核心论断就是“两个必然”思想，即“资产阶级的灭亡和无产阶级的胜利是同样不可避免的”[2]。“两个必然”思想是马克思、恩格斯基于历史唯物主义的立场，在不同历史时期、不同国家的工人运动以及无产阶级反抗资产阶级革命实践的基础上总结出来的正确结论。《共产党宣言》对生产力与生产关系、经济基础与上层建筑之间的矛盾，进行了深入的研究和系统的梳理，指出随着生产力与生产关系、经济基础与上层建筑之间矛盾的激化，资本主义社会的基本矛盾亦会趋向于尖锐化。在此基础上，资本主义社会当中的两大对抗阶级，即无产阶级和资产阶级之间的斗争亦会日趋白热化。在愈演愈烈的阶级斗争下，掌握先进生产技术的无产阶级最终会战胜腐化

---

〔1〕《列宁专题文集：论马克思主义》，人民出版社 2009 年版，第 57 页。

〔2〕《马克思恩格斯选集》第 1 卷，人民出版社 2012 年版，第 413 页。

反动的资产阶级，实现资产阶级的灭亡和无产阶级的胜利。在此基础上，《共产党宣言》对人类历史进程，特别是资本主义社会的历史进程进行了深度剖析，生动描述了资本主义行将没落的腐朽之姿和社会主义蓬勃发展的强劲之势，科学总结了资本主义必将走向灭亡的本质规律。诚然，资本主义在人类社会历史的发展过程中，曾经起到了革命性的巨大作用，但随着时代的推进，它已然不再能适应历史发展的潮流了。[1]在《共产党宣言》之《资产者和无产者》部分，马克思和恩格斯指出："这个曾经仿佛用法术创造了如此庞大的生产资料和交换手段的现代资产阶级社会，现在像一个魔法师一样不能再支配自己用法术呼唤出来的魔鬼了。几十年来的工业和商业的历史，只不过是现代生产力反抗现代生产关系、反抗作为资产阶级及其统治的存在条件的所有制关系的历史。"[2]"两个必然"思想标志着人类对社会历史发展规律的认识发生了质的变化，革命性地实现了从必然王国到自由王国的飞跃。在"两个必然"思想的指引下，一代代中国共产党人用模范行动实践着自己的理想信念，步步为营、稳打稳扎，逐渐实现了由小到大、由弱到强的成长，并最终成为中国人民的领导核心。在改革进入深水区与攻坚期的今天，面对多元思想激荡和各种诱惑挑战的复杂局面，"两个必然"思想为避免共产党人思想滑坡、坚定共产党人理想信念提供了精神保障，它是指引中国共产党人奋勇前行的思想火炬，是我们加强党的理想信念教育的重要出发点。

（二）"两个决不会"思想指明了无产阶级胜利的曲折性

马克思在《〈政治经济学批判〉序言》中指出："无论哪一个社会形态，在它所能容纳的全部生产力发挥出来以前，是决不会灭亡的；

---

〔1〕参见《马克思恩格斯选集》第1卷，人民出版社2012年版，第402页。

〔2〕《马克思恩格斯选集》第1卷，人民出版社2012年版，第406页。

而新的更高的生产关系，在它的物质存在条件在旧社会的胎胞里成熟以前，是决不会出现的。”[1]这一重要理论即是“两个决不会”思想，这是马克思基于辩证唯物主义的立场，在总结1848年欧洲革命经验教训的基础上得出的科学结论，它是对《共产党宣言》“两个必然”思想的深化和补充，并与“两个必然”思想一起构成科学社会主义理论的核心。“两个决不会”思想客观分析了生产力在社会形态更替过程中的决定性作用，指出社会主义战胜资本主义的决定因素是生产力，只有当生产力足够发达、并超出资本主义生产关系所容纳范围的时候，资本主义才会被新的社会形态所代替，而这一焕发着勃勃生机的新的社会形态就是社会主义。然而，社会主义代替资本主义并不是一个断崖式的瞬间剧变，其过程异常艰难而漫长。因此，我们需要始终秉承马克思主义的历史唯物主义和辩证唯物主义精神，既要科学认识资本主义必然灭亡的历史趋势，又要理性对待资本主义灭亡的复杂过程。“两个决不会”思想合理把握了社会主义代替资本主义的本质规律。一方面，它纠正了之前人们对资本主义即将迅速灭亡和社会主义即将全面胜利的过于武断和乐观的预测；另一方面，它又阐释了社会主义代替资本主义的必然性和曲折性，深化了人们对人类社会发展规律的认识，给了无产阶级革命者以全局而宏观的科学指导。1992年初，邓小平在南方谈话中指出：“社会主义经历一个长过程发展后必然代替资本主义。这是社会历史发展不可逆转的总趋势，但道路是曲折的。”[2]邓小平对社会主义曲折发展过程和美好发展前景的认识，无疑是受到了马克思主义“两个决不会”思想的影响。此外，“两个决不会”思想还和“两个必然”思想辩证统一、相辅相成。“两个必然”思想揭示了人类社会

[1]《马克思恩格斯选集》第2卷，人民出版社2012年版，第3页。

[2]《邓小平文选》第3卷，人民出版社1993年版，第382—383页。

发展的必然趋势，给共产党人的奋勇前行指引了方向；“两个决不会”思想体现了人类社会发展的艰难历程，为共产党人的努力拼搏做出了鼓舞。“两个必然”思想和“两个决不会”思想表达了事物发展的两个不同方面，即旧事物必定会被新事物代替的必然性和新事物终将会战胜旧事物的长期性、艰巨性和复杂性。“两个必然”思想和“两个决不会”思想环环相扣，“两个必然”思想是“两个决不会”思想的前提和基础，“两个决不会”思想是“两个必然”思想的丰富和发展。我们既要充分尊重事物发展的一般规律，又要客观对待事物发展的特殊规律；既要坚定实现共产主义的信心，又要冷静对待前进路上的挫折。当前，我们正处在实现中华民族伟大复兴中国梦的关键时期，正确处理“两个必然”与“两个决不会”的关系，是我们加强党的理想信念教育的重要着力点。

二、《共产党宣言》提供了党的理想信念教育的科学路径

党的理想信念教育，离不开科学的方法路径的正确指引。《共产党宣言》是一部马克思主义世界观和方法论的教科书，为党的各项事业提供了现实参考。其中，马克思恩格斯对于实事求是方法原则的高度重视与灵活运用以及对于人民群众的充分尊重和信任依靠，是我们今天在党的自身建设中需要认真学习并自觉践行的宝贵精神。《共产党宣言》为党的理想信念教育提供了科学路径，为党的理想信念教育奠定了方法论基础。全面从严治党，巩固党的理想信念，需要积极运用《共产党宣言》中内蕴的科学方法。

（一）坚持实事求是是加强党的理想信念教育的首要路径

实事求是要求一切从实际出发，理论联系实际。实事求是是马克思主义唯物辩证法的重要体现，也是马克思主义认识论基本精神的重

要表达。它是共产党人一切工作的首要原则。党的理想信念教育的前提就是尊重客观实际，充分考虑党员的总体状况和时代的现实情况，具体地、历史地塑造、强化党的理想信念教育。1872 年 6 月，在《共产党宣言》的德文版序言中，马克思和恩格斯明确强调，尽管自 1848 年《共产党宣言》发表至 1872 年的 20 多年间，世界发生了很大的变化，但《共产党宣言》中所阐述的一般性的原理仍是正确的，但这些原理也要历史地、具体地与实际情况相结合，[1]也就是要做到实事求是，即根据现实的客观情况随时调整我们的方针政策，机动灵活地实现预期目标，从而提高我们行动的有效性。1895 年 3 月，恩格斯在致德国经济学家韦尔纳·桑巴特的信中指出："马克思的整个世界观不是教义，而是方法。它提供的不是现成的教条，而是进一步研究的出发点和研究使用的方法。"[2]面对新的时代特点和实践要求，把马克思主义基本原理同当代中国实际紧密结合起来，是加强党的理想信念教育的重要法则。当前，中国的经济体制、社会结构以及利益结构发生了深刻变化，这些基础领域的转变无疑也给人们的思想带来了巨大的冲击和影响。面对纷繁多变、价值多元的复杂局面，立足国情、客观理性地审视党的理想信念实况，把握现实、具体问题具体分析地加强党的理想信念教育，是当今党的理想信念工作的重要方法。目前，中国共产党理想信念状况总体较好，绝大部分党员对党忠诚，为党谋事，对建设中国特色社会主义伟大事业充满信心。但由于社会转型的震荡、西方思潮的影响以及自身理论基础的薄弱等多种因素，一部分党员在资产阶级腐朽思想的侵蚀下，革命的信念开始松动，马克思主义的信仰开始动摇。针对此种情况，实事求是地评估党的总体情况，有区别

---

〔1〕 参见《马克思恩格斯选集》第 1 卷，人民出版社 2012 年版，第 376 页。

〔2〕《马克思恩格斯选集》第 4 卷，人民出版社 2012 年版，第 664 页。

有针对地解决具体问题，充分发挥《共产党宣言》精神实质在党的理想信念教育上的重大作用，是当前狠抓落实全面从严治党的有效方式。

（二）坚持群众路线是加强党的理想信念教育的根本路径

群众路线要求坚持人民主体地位，始终相信群众、依靠群众、为了群众。群众路线突出体现了马克思主义的群众观，是马克思主义人学思想的具体化。《共产党宣言》对于群众路线做了细致的分析和深入的阐释。首先，《共产党宣言》明晰了共产党人与人民群众的利益一致性。马克思和恩格斯指出："共产党人同全体无产者的关系是怎样的呢？共产党人不是同其他工人政党相对立的特殊政党。他们没有任何同整个无产阶级的利益不同的利益。"[1]意即共产党人是和人民群众站在同一立场的，共产党人所追求的终极利益是和人民群众的利益一致的。人民群众是共产党人一切工作的出发点，共产党人因为人民群众而有存在和奋斗的意义。其次，《共产党宣言》明晰了共产党人的根本目的，即"共产党人为工人阶级的最近的目的和利益而斗争"[2]。共产党人一切的革命与争斗，都是为了人民群众的利益，党的一切工作，都是以最广大人民的根本利益为最高标准的。全心全意为人民服务是共产党人的价值指向，亦是党的理想信念教育的终极目标。《共产党宣言》对于共产党人与人民群众关系以及共产党人根本目的的论述，为党的理想信念教育提供了方法论基础，对党的建设具有重大而长远的指导意义。2013年1月，习近平在《全面贯彻落实党的十八大精神要突出抓好六个方面工作》一文中指出："坚持人民主体地位，时刻把群

〔1〕《马克思恩格斯选集》第1卷，人民出版社2012年版，第413页。
〔2〕《马克思恩格斯选集》第1卷，人民出版社2012年版，第434页。

众安危冷暖放在心上。”[1]在新时代推进全面从严治党的形势下，我们既要以党的群众路线来强化党员理想信念的树立，又要以党员理想信念来促进党的群众路线的落实，真正做到以人为本、为民谋利。坚持群众路线是加强党的理想信念教育的必要路径，坚持群众路线必须要加强党的理想信念教育；加强党的理想信念是坚持群众路线的重要保障，加强党的理想信念教育必须坚持群众路线。新形势下，努力把握群众工作的特点，积极研究群众工作的规律，坚定党为人民服务的信念，提高党为人民服务的能力，是当前狠抓落实全面从严治党的必要手段。

三、《共产党宣言》确保了党的理想信念教育的正确方向

理想信念是党的精神旗帜，是党始终保持先进性的坚强柱石，亦是党战胜各种艰难险阻的力量源泉。只有坚持马克思主义的信仰、坚持社会主义和共产主义的信仰，才能始终确保共产党人经受住各种风险考验，才能始终坚守共产党人的政治灵魂。[2]《共产党宣言》在为党的理想信念教育奠定理论基础、提供科学方法的同时，更确保了党的理想信念教育的正确方向。推进全面从严治党，坚守共产党人的精神追求，需要始终把握《共产党宣言》中指出的目标方向。

（一）党的理想信念教育要坚持马克思主义方向

马克思主义具有鲜明的科学性和真理性，它揭示了社会历史发展的内在规律，指明了人类社会发展的正确方向，并被世界历史发展进程，尤其是中国革命、建设和改革的实践所验证。我们认识世界、改

〔1〕 习近平:《全面贯彻落实党的十八大精神要突出抓好六个方面工作》,《求是》2013年第1期。

〔2〕 参见《十八大以来重要文献选编》(上)，中央文献出版社2014年版，第80页。

造世界需要马克思主义这一强有力的思想武器，我们立党、立国需要马克思主义这一根本的指导思想。坚定对于马克思主义的信仰，是共产党人的精神支柱。《共产党宣言》全面完整地阐述了马克思主义基本原理，科学准确地预见了社会发展的总体趋势，旗帜鲜明地指出资本主义必然灭亡和社会主义必然胜利这两种截然不同的命运，是世界上首个无产阶级的政治纲领。同时，《共产党宣言》还突出强调了阶级斗争在社会历史发展中的推动作用，促进了正在遭受无情压迫的无产阶级工人的觉醒。《共产党宣言》的发表标志着马克思主义的伟大诞生，给世界社会主义运动和无产阶级的革命斗争与建设提供了思想指引与理论武器。1920 年 10 月 2 日，列宁在俄国共产主义青年团第三次代表大会上，指出了马克思主义是在继承人类全部知识的基础上发展而来的，其对人类社会发展规律的论述是在最确切、最缜密、最深刻的研究之上得出的正确结论，因而能够深入人心并获得无产阶级的支持和拥护。[1]马克思主义是无产阶级争取解放的科学理论，是被实践反复证明了的真理性认识，是我党一以贯之的指导思想，它指导我们取得过伟大的成就，并且还将继续指导我们取得更大的成就。进入新世纪新阶段后，世情国情党情发生深刻变化，我国意识形态领域遭受到了各种社会思潮的强烈攻讦。在此形势下，坚定党员的马克思主义信仰，加强党的理想信念教育，是推进全面从严治党、推进国家治理体系和治理能力现代化的内在要求。

（二）党的理想信念教育要坚持共产主义方向

共产主义是马克思主义最崇高的社会理想，是人类社会历史发展的必然趋势，亦是广大共产党人为之奋斗的目标指向。共产主义的理

---

〔1〕 参见《列宁选集》第 4 卷，人民出版社 1995 年版，第 284 页。

想信念是建立在科学判断基础之上的真理性认识，它是共产党人内心不可动摇的真诚信仰，是共产党人社会实践和行为准则的重要参考。中国共产党自成立之日起，就按照马克思主义的建党原则，在党员中树立起了实现社会主义、共产主义的理想和目标。新时代，加强党的理想信念教育，推进全面从严治党，需要始终坚持共产主义方向。《共产党宣言》在分析生产力与生产关系矛盾、经济基础与上层建筑矛盾的基础上，考察分析了阶级与阶级斗争的形成原因、发展过程，由此论证了共产主义之所以会最终取得胜利的必然性。此外，《共产党宣言》还科学预测了社会发展的美好愿景，指出将会出现一个没有阶级对抗的新社会，在那个新社会里，每个人都将会实现自由全面的发展。[1]《共产党宣言》对共产主义必胜所做的有力论证、对科学社会主义理论所做的透彻解读以及对社会发展规律的深刻揭示和对共产党性质、任务与特点的准确定位，无不对中国共产党的建设与发展产生了积极的影响。中国共产党向来重视党的理想信念教育。

毛泽东高度评价共产主义社会。1940 年 1 月，他在《新民主主义论》一文中指出，“这种思想体系和社会制度，是区别于任何别的思想体系和任何别的社会制度的，是自有人类历史以来，最完全最进步最革命最合理的”[2]，充分肯定了坚持共产主义理想信念的正确性。邓小平十分强调共产主义理想信念的重要性。1985 年 8 月，在会见津巴布韦非洲民族联盟主席、政府总理穆加贝时，邓小平谈到，在中国共产党遇到困难的时刻，在中国发展遭遇困境的时候，是共产主义的理想信念在支撑着无数共产党人的奋勇拼搏，甚至还有人为此而做出巨大

〔1〕 参见《马克思恩格斯选集》第 1 卷，人民出版社 2012 年版，第 422 页。

〔2〕《毛泽东选集》第 2 卷，人民出版社 1991 年版，第 686 页。

牺牲。[1]习近平非常重视共产主义理想信念的必要性。2013年1月，习近平在新进中央委员会的委员、候补委员学习贯彻党的十八大精神研讨班上的讲话，强调了坚定的理想信念对于共产党人提高站位、拓宽眼界、开阔心胸的不可或缺性，指出了共产党人要想坚持正确的政治方向、经受各种风险考验、永葆共产党人的政治本色，就必须要拥有坚定的理想信念。[2]此外，习近平还指出："理想信念就是共产党人精神上的'钙'，没有理想信念，理想信念不坚定，精神上就会'缺钙'，就会得'软骨病'。现实生活中，一些党员、干部出这样那样的问题，说到底是信仰迷茫、精神迷失。"[3]党的先锋队性质和为人民服务的宗旨决定了党必须坚持共产主义理想信念，只有坚持共产主义，共产党人才会有政治上的坚定性，才会有执行路线方针政策的有效性，才会有抵制资本主义腐朽思想的自觉性。坚定党员对于共产主义的信仰，加强党的理想信念教育，是新形势下推进全面从严治党的本质需要。

结　语

党的理想信念教育是新时代推进全面从严治党的"总开关"，崇高坚定的理想信念是共产党员奋斗不息的精神支柱与永葆先进性的力量源泉。作为一部阐明共产党性质和奋斗目标的奠基性著作，《共产党宣言》奠基了党的理想信念教育的理论基础，提供了党的理想信念教育的科学路径，确保了党的理想信念的正确方向。当前我国正处在社会转型的关键时期和全面深化改革的攻坚阶段，党所面临的考验和危险

〔1〕参见《邓小平文选》第3卷，人民出版社1993年版，第137页。

〔2〕《习近平关于党的群众路线教育实践活动论述摘编》，党建读物出版社、中央文献出版社2014年版，第33页。

〔3〕《十八大以来重要文献选编》(上)，中央文献出版社2014年版，第80—81页。

亦更加严峻和凸显。深入挖掘《共产党宣言》对于党的自身建设的理论内涵，全面总结《共产党宣言》对于党的理想信念教育的重大意义，是新形势下持续推进全面从严治党的有效措施，亦是实现中华民族伟大复兴的必要之举。

本色、红色、特色、原色

——乌兰牧骑精神基本特征的四维解读 *

乌兰牧骑，蒙古语原义为“红色的嫩芽”，意为红色文化工作队。基于乌兰牧骑而茁壮成长的乌兰牧骑精神，也正在日益充盈着自己的内涵与外延，并逐步显示出了其鲜明而独有的特征。

一、本色——全心全意为人民服务

全心全意为人民服务是乌兰牧骑精神的本色所在。乌兰牧骑精神起源于人民，发展于人民。服务好人民，是乌兰牧骑精神的价值主旨，亦是乌兰牧骑精神的根本使命。

（一）从群众中来，人民群众是乌兰牧骑精神的内生动力

乌兰牧骑精神的源头活水就是广大人民群众。人民需要艺术，广大人民群众是乌兰牧骑精神发展的内生动力，是人民群众创造并发展

* 本文系安徽省哲学社会科学规划青年基金项目“中国共产党治国理政的理论、实践及其经验启示研究”（AHSKQ2019D002）的阶段性成果，曾发表于《云南民族大学学报（哲学社会科学版）》2021 年第 38 期。

了艺术。

人民群众促进了乌兰牧骑精神的诞生。服务于广大人民群众，是中国共产党的初心所在。新中国是在党领导下的人民民主专政的国家，作为执政党的中国共产党，“没有任何同整个无产阶级的利益不同的利益”，且“强调和坚持整个无产阶级共同的不分民族的利益”。[1]服务于广大人民群众，也是新中国的国家职能所在。国家职能由国家的阶级本质决定，新中国始终坚持的就是为广大人民群众服务，体现了新中国的统治阶级——无产阶级的利益和意志，而发展乌兰牧骑事业、弘扬乌兰牧骑精神，也是国家对内职能中文化职能的重要表现。20 世纪 50 年代，内蒙古地广人稀的草原上，广大农牧民群众的文化生活较为单调。在现代教育还没有实现全面覆盖、文化事业发展相对滞后、物质财富生产水平仍然较低的年代，游牧草原上的广大农牧民的物质生活、精神文化生活较为单一，农牧民对文艺的需要十分迫切。为改善广大农牧民的生活条件，乌兰牧骑精神的产生成为时代发展的必然。同时，当时的通信条件还较为落后，党和国家的方针政策很难及时传达到每户农牧民的农舍和蒙古包里。在这一特殊历史背景下，灵活机动的乌兰牧骑队伍成了草原上流动的宣传队，他们普及新中国各项政策，传递党的关怀，让广大农牧民从内心真切感受到新中国的温暖，巩固了党的执政基础，提升了广大农牧民的获得感和幸福感。

人民群众推进了乌兰牧骑精神的发展。人民群众的无穷智慧，给了乌兰牧骑发展创作的重要源泉，也促进了乌兰牧骑精神的茁壮成长。广大农牧民在日积月累的生产劳动中，创造并发展了蒙古族传统文化，这成为乌兰牧骑艺术创作的重要源泉。“人民生活中本来存在着文学艺

---

〔1〕《马克思恩格斯选集》第 1 卷，人民出版社 2012 年版，第 413 页。

术原料的矿藏”〔1〕，蒙古草原传统的长调、短调，筷子舞、安代舞，马头琴、火不思等元素，经过人民群众的加工、改造和升华，形成了丰富多彩的艺术节目，成为乌兰牧骑志愿服务广大农牧民的重要表现方式，而乌兰牧骑精神也在广大乌兰牧骑队员全心全意为人民服务的具体行动中逐渐凝练发展，满足人民群众的需求成为乌兰牧骑精神发展的方向。乌兰牧骑成立的初心就是为人民服务，群众喜不喜欢、热不热爱，是乌兰牧骑能否生存下去、乌兰牧骑精神是否能长盛不衰的重要因素。在早期乌兰牧骑探索发展过程中，在采取什么样的组织形式、通过什么样的方法路径为农牧民服务这个问题上，也曾走过弯路。但在党的正确领导下，乌兰牧骑逐渐发展成符合客观实际、贴近群众生活的强大队伍。因此，“乌兰牧骑在同群众结合中成长起来”〔2〕，乌兰牧骑精神是在长期服务广大农牧民的实践中逐渐发展形成的。

（二）到群众中去，为人民服务

服务好广大农牧民，是乌兰牧骑精神的目标指向。乌兰牧骑精神从群众当中来，也要回到群众中去，为人民服务是乌兰牧骑精神的价值主旨。

全心全意为人民服务是乌兰牧骑精神的题中之义。自第一支乌兰牧骑诞生以来，乌兰牧骑工作者坚持服务人民，始终初心不改。从苏尼特右旗乌兰牧骑队伍成立，到现在已经建立了 70 多支乌兰牧骑队伍，并在 60 多年漫长岁月里逐渐发展壮大。在不畏艰辛、不辞劳苦地服务大众的过程中，乌兰牧骑创造了当代中国文艺的奇迹。习近平总书记在给苏尼特右旗乌兰牧骑队员的回信中指出：“乌兰牧骑的长盛不

〔1〕《毛泽东选集》第 3 卷，人民出版社 1991 年版，第 860 页。

〔2〕 布赫:《乌兰牧骑在同群众结合中成长起来》,《内蒙古日报》1965 年 5 月 13 日。

衰表明，人民需要艺术，艺术也需要人民。”〔1〕过去，草原上通信不便，信息闭塞，为了让农牧民理解国家的方针政策，乌兰牧骑采用老百姓喜闻乐见的艺术手法，运用农牧民容易接受的话语体系，准确传达国家的方针政策。在深入基层演出时，队员们与农牧民同吃同住同劳动。如今，乌兰牧骑扎根基层为人民服务的初心一如从前，在服务广大农牧民群众、推进社会主义国家基层治理的同时，还积极帮助农牧民脱贫致富。农牧民真切地感受到了乌兰牧骑的热情和用心，亲切地叫队员们“玛奈呼和德”（我们的孩子）。

二、红色——中国社会主义文艺战线上的一面旗帜

乌兰牧骑精神是社会主义中国和社会主义文艺精神的体现，也是中国共产党人精神的体现，社会主义特性和党性彰显了乌兰牧骑精神的红色特征。

（一）乌兰牧骑精神彰显了社会主义特性

乌兰牧骑精神是中国社会主义文化建设的产物。新中国的诞生，为乌兰牧骑精神的产生提供了基本条件。人民当家作主，是社会主义新中国民主政治的本质和核心。正是基于这一坚定立场，才有了服务于人民大众的社会主义文艺工作队——乌兰牧骑的产生，才有了社会主义的重要精神——乌兰牧骑精神的产生。第一支乌兰牧骑队伍成立的根本动因就在于服务广大农牧民、宣传社会主义思想。20 世纪 50 年代，来自苏尼特大草原的 9 名牧民，带着 4 件乐器、提着 3 盏煤油灯、赶着 2 辆勒勒车、撑起 1 张幕布，组成了一支散发着古老草原气息的文艺演出团队——乌兰牧骑。乌兰牧骑队员与农牧民同吃同住同

---

〔1〕《大力弘扬乌兰牧骑优良传统 永远做草原上的“红色文艺轻骑兵”》，《人民日报》2017 年 11 月 22 日。

劳动，在演出之余利用多种形式及时向农牧民群众宣传时事政策、科普知识；乌兰牧骑根据农牧民的需求力所能及地为他们提供演出、理发、照相、修理、治疗等服务，给生活相对不便、文化生活相对匮乏的农牧民带去了生活上的指导和心灵上的慰藉。

乌兰牧骑精神是社会主义文艺精神的体现。乌兰牧骑始终坚持先进的社会主义文化发展方向，这一重要品质是乌兰牧骑精神之所以呈现出“红色”特征的重要原因。对于乌兰牧骑所坚持的先进文化的方向，党和国家的重要领导人给予了充分肯定和高度评价。1964 年 12 月，周恩来亲切叮嘱乌兰牧骑队员：“不要进了城市，忘了乡村，要不忘过去，不忘农村，不忘你们的牧场”，鼓励他们“保持不朽的乌兰牧骑称号”〔1〕。1983 年 9 月，邓小平为内蒙古乌兰牧骑题词：“发扬乌兰牧骑作风，全心全意为人民服务。”〔2〕2017 年 11 月，习近平总书记在给乌兰牧骑队员的回信中更是指出，希望“大力弘扬乌兰牧骑的优良传统”“努力创作更多接地气、传得开、留得下的优秀作品”〔3〕。乌兰牧骑是全国文艺战线的一面旗帜，乌兰牧骑精神是社会主义文艺的境界高地。

（二）乌兰牧骑精神彰显了党性

我们党的党性，“就是无产者阶级性最高而集中的表现，就是无产阶级利益最高而集中的表现”〔4〕。服务于最广大人民群众，满足最广

---

〔1〕达·阿拉坦巴干、朱嘉庚：《周恩来总理与乌兰牧骑》，《内蒙古日报》2018 年 12 月 10 日。

〔2〕《邓小平年谱（1975—1997）》下卷，中央文献出版社 2004 年版，第 932 页。张惠熙：《切实把握乌兰牧骑精神的民族和时代特色》，《党建》2019 年 5 期。

〔3〕达·阿拉坦巴干、朱嘉庚：《周恩来总理与乌兰牧骑》，《内蒙古日报》2018 年 12 月 10 日。

〔4〕刘少奇：《人的阶级性》，甘肃人民出版社 1952 年版，第 4 页。

大无产阶级的需要，是中国共产党的崇高追求，而这一点，也正是乌兰牧骑精神的重要彰显。无论是在乌兰牧骑初显身手的萌芽时期还是大放光芒的发展阶段，人民都被放在了最重要的位置。在乌兰牧骑还未诞生的20世纪50年代之前，受社会发展程度等多方面因素影响，内蒙古草原上逐水草而居的牧民在生产生活上是异常艰辛的。为改变这一状况，党中央多次提出要改善基层农牧区贫穷落后面貌的要求。1957年5月初，内蒙古自治区文化局遵照周恩来总理的指示精神和内蒙古党委、政府的要求，同时派出了多个工作组进行了调查研究。工作组一致认为，只有建立一种组织严谨、装备轻便、人员一专多能、便于流动服务的小型综合性文化工作队，才能把社会主义文化直接地、经常地送到广大牧民居住和生产的居民点及放牧场。此后数十年间，乌兰牧骑队伍不断发展壮大，服务广大人民群众的范围逐渐扩展，乌兰牧骑精神的光芒普照着内蒙古自治区的广大人民群众，丰富了人们的文化生活，满足了人们的文化生活需求。无数乌兰牧骑人用实践行动诠释了为人民创作、为人民表演的乌兰牧骑精神，这与中国共产党人的党性是高度契合的。

坚持党的领导，听从党的指挥，始终跟党中央保持高度一致，是乌兰牧骑精神的根本遵循。中国共产党是中国总揽各方的执政者，党是领导一切的。乌兰牧骑的一切活动，都是在党的领导下的活动；乌兰牧骑精神的主旨，始终与党的主旨保持高度一致。新中国成立后，如何巩固新生人民政权，夯实执政合法性，这是中国共产党面临的一个现实问题；把党的政策和对人民的关怀传递到祖国的每一寸土地，这也是我们党需要解决的客观难题。内蒙古自治区面积广阔，农牧民居住分散。成立乌兰牧骑，将党的政策和关怀以喜闻乐见的方式呈现给农牧民，一方面满足了广大农牧民对精神文化生活的需求，提升了农牧民对党的支持和拥护；另一方面，也向广大农牧民传递了党的声音，推进了党的基层治理。

三、特色——内蒙古大草原上的红色文艺轻骑兵

乌兰牧骑精神发源于内蒙古自治区。祖国正北方的草原、戈壁、沙漠等地质地貌，使乌兰牧骑精神显示出了独特的地域性特征。而以蒙古族为主、多民族交往交流交融的特殊民族构成，也使乌兰牧骑精神呈现出了别具特色的民族风情。

（一）乌兰牧骑精神有着独特的地域性特征

内蒙古自治区有着独特的地域特征，生活在草原上的蒙古族人民并不是总在同一地区生活，而是根据水草丰茂程度、季节变换以及风雪旱涝等多重因素，周期性地或定期地迁移。游牧生活方式下的农牧民，无法像其他地区一样固定地聚居在某一地，但其对艺术的需要却是和其他地区的人民一样迫切。

农牧民特殊的生活方式，促进了吃苦耐劳、甘于奉献的文艺轻骑兵的诞生，也成就了乌兰牧骑精神的发展。哪里最艰苦，哪里最需要，乌兰牧骑队员就到哪里送歌献舞。在去牧区表演的路途中，队员们常常会遭遇一些困难。遇到沙窝，他们“爬过一座沙窝又一座沙窝，三四匹马拼着命地挣扎，走上两步停一下，走上几丈远就歇一会”，遇到山洪，队员们“赤脚过河探路，找到路后又返回来牵马过河”。[1] 60多年栉风沐雨的历程中，各种各样的艰难和挑战存在过，但都丝毫不能动摇乌兰牧骑向偏远地区农牧民输送社会主义文化的决心。乌兰牧骑队员活跃在辽阔的内蒙古土地上，“从贫下中牧的蒙古包，到人民

〔1〕《乌兰牧骑——红色文化工作队》，中国戏剧出版社 1965 年版，第 71—72 页。

解放军的边防哨所，到处都留下了他们的足迹，到处都传遍了他们的歌声”[1]。

（二）乌兰牧骑精神有着别具特色的民族风情

蒙古族文学为乌兰牧骑精神的形成提供了沃土。根植于草原传统文化的蒙古族文学，在历史的积淀中，积累了大量神话传说、民间故事与英雄史诗等体裁多样的优秀作品，为乌兰牧骑精神的直接载体乌兰牧骑提供了丰富题材和创作来源。蒙古族音乐为乌兰牧骑精神的形成提供了灵感。蒙古族在长期的生产生活中，形成了旋律优美、气息宽阔、感情深沉的蒙古族音乐。这些音乐，是蒙古族人民情感意志的表达，也是蒙古族人民精神风貌的反映，更是乌兰牧骑精神的重要灵感来源。蒙古族舞蹈为乌兰牧骑精神的形成提供了重要基础。在草原地理环境和气候条件下形成的蒙古族舞蹈，浑厚、舒展、豪迈，并且节奏明快、舞步轻捷。乌兰牧骑队员在一挥手、一扬鞭、一跳跃之间洋溢着蒙古人的纯朴、热情、勇敢，表现了他们开朗豁达的性格和豪放英武的气质，具有强烈的民族特色，并深深地融进了乌兰牧骑精神里。

乌兰牧骑精神是中华民族的产物。中华民族的宝贵精神为乌兰牧骑精神的形成提供了根本基础。乌兰牧骑精神诞生于祖国的北部边疆，但它却是整个中华民族的产物。乌兰牧骑精神不仅体现了蒙古族人民的风貌品格，更体现了中华民族的共同精神。纵观乌兰牧骑精神60多年来的发展史，它始终以其独特的文艺形式，从不停歇地构筑着中华民族的精神家园。1964年，乌兰牧骑因其杰出成就和重大影响力，被文化部选送参加在北京举办的全国少数民族群众业余文艺汇演。

---

[1]《乌兰牧骑在前进》，内蒙古人民出版社1974年版，第42页。

周恩来在接见乌兰牧骑进京演出代表队时，明确指示“你们要走向全国”〔1〕。1965 年乌兰牧骑开始首次全国巡演，他们在把草原故事带给全国各族人民的同时，也感受了井冈山的星星之火、大庆“铁人”王进喜的刚强意志、“南京路上好八连”的优秀作风，民族传统文化在革命文化和社会主义先进文化的熔炼熏陶下，悄然凝结成了一个水乳交融的整体。改革开放以来，乌兰牧骑还多次走向国际，在更加广阔的舞台上成为中国精神的一张亮眼名片。乌兰牧骑精神在党的领导下，以文化认同为抓手，以文艺表演为形式，在构筑中华民族共有精神家园和中华民族共同体意识上发挥着重要作用。

四、原色——艺术性与政治性相结合

艺术性和政治性的统一，体现了乌兰牧骑精神的原色。乌兰牧骑精神是马克思主义文艺观中国化的产物。但“一切文化或文学艺术都是属于一定的阶级，属于一定的政治路线的”〔2〕，政治性是乌兰牧骑精神的内在属性。

（一）乌兰牧骑精神是马克思主义文艺观中国化的产物

乌兰牧骑精神是马克思主义文艺观的生动体现。文艺作为上层建筑的一部分，是社会意识形态的重要组成部分。1942 年 5 月，在延安文艺座谈会上，毛泽东基于马克思主义文艺观的基础，对当时及其后党的文艺工作作出了重要指示，这也为后来乌兰牧骑及其精神的诞生奠定了重要基础。1956 年底，新中国顺利完成了对农业、手工业和资本主义工商业的改造，确立了社会主义基本制度。此时，发展社会主义

〔1〕 达·阿拉坦巴干、朱嘉庚：《周恩来总理与乌兰牧骑》，《内蒙古日报》2018 年 12 月 10 日。

〔2〕《毛泽东选集》第 3 卷，人民出版社 1991 年版，第 865 页。

文艺，满足广大人民群众日益增长的文化需求，是历史发展的必然要求。1957 年夏，乌兰牧骑诞生。作为社会主义中国的文艺组织，乌兰牧骑就是为新中国的广大人民群众服务的，这也是其内在使命。而由乌兰牧骑淬炼而生的乌兰牧骑精神，服务于人民，并作为观念的上层建筑反作用于经济基础，为社会主义建设和发展添砖加瓦，正是马克思主义文艺观具体而生动的体现。

乌兰牧骑精神有着深厚的文艺蕴含。乌兰牧骑精神以乌兰牧骑为重要载体，乌兰牧骑的文艺性深深影响了乌兰牧骑精神。在性质定位上，乌兰牧骑是一种文艺组织。它是“文艺为工农兵服务、为社会主义服务的良好形式，是文艺工作者密切联系群众、联系实际的良好形式”〔1〕，是“在党的文艺方针和民族政策的指引下，结合内蒙古实际创建起来的一支以演出为主的综合性文化工作队”，而它的作用，则“主要从事社会主义文化艺术的普及工作”〔2〕。在表演形式上，乌兰牧骑以马克思主义唯物辩证法和辩证唯物主义为指导，妥善处理了一般性和特殊性的关系，在坚持民族特色、地方特色的同时，吸收各民族优秀文艺题材，汇聚多种表现手法，丰富了乌兰牧骑的表演形式。在价值指向上，乌兰牧骑为人民而文艺，它从人民群众生活中汲取艺术创作的营养，又充满热情地表现人民群众的生活和情感世界，充分体现了人民主体性，体现了马克思主义文艺观的人民性特质。

（二）乌兰牧骑精神蕴含了政治性的内在属性

乌兰牧骑精神有着严正的立场。乌兰牧骑精神发源于 20 世纪 50 年代的新中国。与旧社会不同，新中国的广大人民群众已经翻身做主

〔1〕《乌兰牧骑（一）》，蒙古人民出版社 1965 年版，第 1 页。

〔2〕达·阿拉坦巴干、朱嘉庚：《乌兰牧骑赞》，内蒙古自治区乌兰牧骑学会编辑出版，2007 年，第 141、34、142 页。

人，在党的领导下，各族人民团结一致、聚精会神地共同开展社会主义建设。站在无产阶级和人民大众的立场，站在党性和党的政策的立场，这是乌兰牧骑精神应有的站位，这也区别于腐朽反动思想的地主阶级、资产阶级的立场。乌兰牧骑精神是为人民服务的，以群众喜闻乐见的形式，向广大农牧民宣传中国共产党和社会主义新国家的政策，满足广大农牧民对文艺的需求，鼓舞边疆地区劳动人民建设新中国的热情，是乌兰牧骑精神的重要使命。60 多年来。在乌兰牧骑精神的指引下，乌兰牧骑队员们创作了无数优秀的文艺作品，传播了党和国家方针政策，在润物细无声中加强了我国的意识形态教育。

乌兰牧骑精神有着明确的指向。“为什么人的问题，是一个根本的问题，原则的问题。”〔1〕为人民服务，是中国共产党自始至终的初心，也是从未懈怠的使命。乌兰牧骑正是为了满足广大农牧民对文艺的需求、对文化生活的追求而产生的，巩固人民群众已获得的胜利果实、维护国家安全稳定是其内生动力。在乌兰牧骑长期发展中生发出来的乌兰牧骑精神，更进一步升华了乌兰牧骑全心全意为人民服务的理念，并随着历史的前进和时代的需要不断充盈着自身的内涵与外延，为满足人民日益增长的美好生活的需要发挥着重要作用。

乌兰牧骑精神有着强大的功能。乌兰牧骑精神在满足人民需要、发挥价值引导、巩固基层治理等方面发挥着重要作用。新中国成立之初，内蒙古农牧民居住分散，交通较不便利，大型剧团下不去，文化馆活动又相对单一。“如何在牧区更深入地宣传党的方针、政策，把社会主义文化送到牧区去，这是必须从思想上、组织上解决的问题”〔2〕。在乌兰牧骑精神感召下，乌兰牧骑队员们除积极开展文化宣传工作外，

---

〔1〕《毛泽东选集》第 3 卷，人民出版社 1991 年版，第 857 页。
〔2〕《乌兰牧骑——红色文化工作队》，中国戏剧出版社 1965 年版，第 2 页。

还竭尽所能地帮助有需求的农牧民放羊打草、接羔保育、修渠打井，在满足农牧民精神生活的同时，也解决了农牧民的诸多实际难题，这对于安定人民生活、巩固党的执政基础有着重要作用。新时代，乌兰牧骑精神还将继续担负着繁荣社会主义文艺、引领社会主义核心价值观、推进国家治理体系和治理能力现代化的重要使命。

后　记

时光荏苒，从这本论文集里最先发表的一篇文章到如今，已经有七个年头了。七载光阴在肩头一寸一寸滑落的不经意间，我的书稿也从指尖一字一字轻敲出来。七年里，我成长了很多，也收获了很多。坐在电脑前写下这段后记的时候，我的心中充满了感恩。

感谢我生活的伟大时代，感谢我生活的伟大国家。75年的中华人民共和国史，是一部党领导人民为国家富强、民族复兴、人民幸福不懈奋斗的历史，也是不断探索和深化社会主义建设规律的历史。从国家治理的视角展现党领导人民在探索中的砥砺前行，激发今天的我们珍惜当下、奋勇向前，是这本论文集想呈现的内容，也是这本论文集想表达的初衷。

感谢我的父亲母亲。他们用长江水和大米饭养育我长大，也用他们的吃苦耐劳、朴实善良教我做人。虽然我的父亲离开这个可爱的世界已经两年有余，但他对我的教育教导以及他淳朴的爱，会陪伴我人生的每一个春夏秋冬、每一天日升月落。

感谢我的老师们。从第一天迈入学堂，到戴着博士帽离开学校，以及在博士后科研工作站的美好时光，各个阶段的多位老师给了我很多指导。随着自己的长大、升学、工作，我似乎离故乡越来越远了，但教过我的老师我始终铭记在心。感恩他们曾经平常又温暖的关怀，让一个并不自信的小女孩一步步勇敢而又有力量地走到今天。

感谢我的研究生赵星辰、黄航两位同学，他们对书稿的文字校对作了很多工作。感谢当代中国出版社，在本书的编辑出版过程中提出了许多宝贵的建议，最终顺利付梓。

这本论文集里面的文章，虽然部分内容还不成熟，但也是我学术成长中的印迹。在当时的写作和现在的编纂中，难免还存在一些不足，敬请广大读者和专家批评指正。

季春芳

2024年8月于北京